진리의 불꽃
Sparks of the Truth
(부제) 사랑의 불길

메허 바바의 논문에서
(From Dissertations of Meher Baba)

진리의 불꽃

Sparks of the Truth

This publication is not a profit-making or competitive venture and its object is solely to disseminate the discourses, messages, sayings and statements of AVATAR MEHER BABA for the benefit of the public.

본 출판물은 이익을 창출하거나 경쟁력 있는 사업을 위한 것이 아니며, 그 목적은 오로지 대중의 이익을 위해 아바타 메허 바바의 담화, 메시지, 말씀 및 진술을 전파하는 데 있습니다.

초판일 2023년 6월 6일
四판일 2024년 4월 25일 한국 아바타 메허 바바 센터 개원일
글쓴이 메허 바바
   (From Dissertations of Meher Baba)
옮긴이 차크라다르 다르마니드카르 데쉬무크 철학 박사
   (Dr. Chakradhar Dharmanidkar Deshmukh)
편 집 김석조
교 정 서윤희, 이원희, 배종희
참여인 Korean Lovers
사 진 Meher Nazar
디자인 BabaNa Spania
펴낸곳 존재의 향기
주 소 경기도 광주시 초월읍 산이리51번길 26
전 화 031-8028-7652
등록일 2004. 7. 30. 제2015-19

대표 사이트 https://meherbabakorea.co.kr/
    https://cafe.naver.com/meherroshani
    https://cafe.naver.com/avatarmeherbaba
    https://www.youtube.com/@meher_baba

ISBN 979-11-93095-11-9(02180)

If you have rock-like faith and flame-like love for God, nothing in this world will affect you. Such faith and love will help you to rise above the imaginary phenomenon and make You understand that God alone is real.

　　　　　　　　　　　　　　　　　　　　　　　　　　-Avatar Meher Baba

　하나님을 향한 바위 같은 믿음과 불꽃 같은 사랑이 있다면, 이 세상의 어떤 것도 당신에게 영향을 미치지 못할 것이다. 그러한 믿음과 사랑은 당신이 상상의 현상을 뛰어넘어 하나님만이 실재한다는 것을 깨닫게 해줄 것이다.

　　　　　　　　　　　　　　　　　　　　　　　　　　-아바타 메허 바바

Contents

Foreword 006
Introduction 008
Philosophy is the hard way to the simple path 010
Preface to Translation 012
The Fire of Pure Love 014

Part I
Release from the False 022
The Ocean of Truth 028
Creeds and the Inner Path 038
The Market for God 048
The Give-and-Take of Impressions 058
Miracles 068
Reclaiming Lost Wayfarers 078
The Preparation 084
Special Train of the Master 088
The Truth-Individual 098
The Work of the Divine Hierarchy 112
Secrets of Divine Working 122
From Suffering to Peace 132

Part II
The Nature of the Soul 136
Transcendent Understanding 146
The Meaning of Life 156
The Fulfillment 166
True Freedom and Creativity 172
True Spirituality 188
The Past and the Present 198

Part III
Sayings of Meher Baba 202

Epilogue 212

목 차

머리말 007
소개 009
철학이란 단순한 것을 어렵게 만드는 것! 011
번역 서문 013
순수한 사랑의 불 015

1부
거짓으로부터의 해방 023
진리의 바다 029
교리와 내면의 길 039
하나님을 위한 시장 049
인상의 주고받음 059
기적 069
길 잃은 여행자들을 교화 079
준비 085
스승의 특별 열차 089
진리의 인간 099
신성한 하이어라키位階組織의 일 113
신성한 일의 비밀 123
고통에서 평화로 133

2부
영혼의 본성 137
초월적 이해 147
삶의 의미 157
성취 167
진정한 자유와 창조성 173
참된 영성 189
과거와 현재 199

3부
메허 바바의 말 203

끝맺는 말 213

Foreword

It is the privilege of The Awakener Magazine, together with Sheriar Press, to bring out this second edition of Sparks of the Truth, From The Dissertations of Meher Baba, by our dear friend and co-worker, Dr. C. D. Deshmukh of Nagpur, India.

In this edition we have made only a few minor typographical and grammatical clarifications.

Meher Baba constantly said, "I have not come to teach, but to awaken." Nevertheless, He imparts knowledge for our guidance.

Dr. Deshmukh, both in the original Indian Discourses and the later Sparks of the Truth, has been most instrumental in preserving this great teaching for us all. May it reach the aware audience it deserves.

The Editors
October, 1971

머리말

우리의 친애하는 친구이자 동료인 인도 나그푸르의 차크라다르 다르마니드카르(Chakradhar Dharmanidkar) 데쉬무크 박사가 작성한 메허 바바의 논문 진리의 불꽃(The Sparks of the Truth)의 두 번째 판을 출간하는 것은 셰리아르 정기 간행물(Sheriar Press)과 함께 어웨이크너 매거진(The Awakener Magazine)의 특권으로 생각합니다.

이번 판에서 우리는 단지 몇 가지 사소한 오탈자 및 문법적인 부분을 수정했습니다.

메허 바바는 "나는 가르치기 위해서가 아니라, 깨우기 위해서 왔습니다."라고 끊임없이 말했습니다. 그럼에도 불구하고 그는 우리를 인도하기 위해 지식을 전수합니다.

데쉬무크 박사는 최초의 인도 담론(Indian Discourses)과 이후의 진리의 불꽃(Sparks of the Truth)에서 우리 모두를 위해 이 위대한 가르침을 보존하는 데 가장 중요한 역할을 해왔습니다. 이 책이 마땅히 받아야 할 의식 있는 독자들에게 전달되기를 바랍니다.

편집자
1971년 10월

Introduction

In commemoration of the 42nd anniversary of the great and unique Silence of Avatar Meher Baba, we have great pleasure in offering to the Baba-lovers Sparks of the Truth, a book based on Beloved Baba's explanations on the Eternal Truth, delivered by Him from time to time to His disciples at Meherabad and recorded by them in the form of "notes", in the 'Meherabad Diaries', made available to Dr. Chakradhar D. Deshmukh by Shri Aspandiar Rustom Irani, (known as 'Pendu') and by late Shri Vishnumaster Deorukhker, at Meherabad during the Great Baba-Seclusion at Meherabad in July 1949.

Dr. Chakradhar D. Deshmukh of Nagpur, a very devoted and earnest lover of Beloved Baba, has rendered the above "notes" into "dissertations" in his inimitable style and language. We are very grateful to him for having permitted us to publish them for the benefit of all Baba-lovers.

There are altogether 20 dissertations in this book. They are grouped in two parts. Those which have been grouped in Part I convey practical hints and guidance to the sadhakas or the aspirants on the Path towards Self-realization. They deal with the Eternal Truth, the Truth-realized Master and the right relation between such Master and his disciples. They are very lucid and strewn with apt analogies, parables and anecdotes, which help considerably in assimilating spiritual truths otherwise difficult to grasp.

Part II deals in an abstract manner with the Eternal Truths concerning the nature of the Soul and the meaning of life. These dissertations also throw an abundant light on the nature of sanskaras or impressions and their subtle and complex working in the world of illusory values. Part III contains very valuable and instructive "Meher Baba-Sayings," most of them being hitherto unknown.

May the Sparks of the Truth guide us in our journey towards Self-realization.

P. G. Nandi

소 개

아바타 메허 바바의 위대하고 독특한 침묵의 42주년을 기념하여, 우리는 바바 러버들에게 영원한 진리에 대한 비러벳 바바의 설명을 기반으로 한 책인 진리의 불꽃(Sparks of the Truth)을 제공하게 되어 매우 기쁩니다. 이 책은 1949년 7월 메허라바드에서 열린 위대한 바바의 은둔 기간 동안 쉬리 아스판디아르 루스톰 이라니('펜두'로 알려짐)와 고인이 된 쉬리 비슈누마스터 데오루크커가 메허라바드에서 차크라다르 데쉬무크 박사에게 제공한 '메허라바드의 일기'에 기록되어 있으며, 바바가 때때로 메허라바드의 제자들에게 전했고, 그들은 이것을 '메모'의 형태로 기록했습니다.

비러벳 바바의 매우 헌신적이고 열렬한 러버인 나그푸르의 차크라다르 다르마니드카르 데쉬무크 박사는 위의 "메모들"을 자신의 독특한 문체와 언어로 "논문"으로 변환했습니다. 우리는 모든 바바 러버들의 유익을 위해 그것을 출판할 수 있도록 허락해 준 그에게 매우 감사를 드립니다.

이 책에는 총 20편의 논문이 수록되어 있습니다. 이것들은 두 부분으로 분류됩니다. 1부에 분류된 것들은 참나-실현(Self-realization)을 향한 길에서 사드학[수행자]들 또는 구도자들에게 실질적인 힌트와 지침을 전달합니다. 그것들은 영원한 진리, 진리를 깨달은 스승, 그리고 그러한 스승과 그의 제자들 사이의 올바른 관계를 다룹니다. 그것들은 매우 명쾌하고 적절한 비유, 우화, 일화들로 가득 차 있어 다른 방법으로는 이해하기 어려운 영적 진리를 이해하는 데 상당한 도움이 됩니다.

2부에서는 영혼의 본질과 삶의 의미에 관한 영원한 진리를 추상적인 방식으로 다룹니다. 이러한 논문들은 또한 산스카라 또는 인상들의 본질과 환상적 가치의 세계에서 그것들의 미묘하고 복잡한 작용에 대해 풍부한 빛을 분출시킵니다. 3부는 매우 귀중하고 교훈적인 "메허 바바의 격언"이 수록되어 있으며, 그것들 대부분은 지금까지 알려지지 않았습니다.

진리의 불꽃(Sparks of the Truth)이 참나-실현을 향한 여정에서 우리를 인도하기를 바랍니다.

P. G. 난디

Philosophy is that which makes a simple thing Difficult!

Chakradhur Deshmukh, a young man of 24 also came to the hotel to see Baba. He was studying for his doctorate in philosophy in London and had come to know of Baba's presence in the city through the accounts in the Daily Herald.

Baba had actually contacted him inwardly four months earlier when Deshmukh dreamed he saw Baba standing before him. In the dream, Baba spoke to him, "You are closely connected with me. You are a good man."

When he later saw a photograph of Baba in the newspaper he recognised Him as the One who had already won his heart. During the meeting and in answer to Baba's questions Deshmukh told Baba that he was studying philosophy and that it is a science which reveals the hidden Reality. Smiling,

Baba had replied, "To me, philosophy is that which makes a simple thing difficult!"

Dr. Deshmukh became an ardent disciple of Baba.

-Meher Baba's Visits to England 1931-1956, p22, Compiled by Margaret Hickman

철학이란 단순한 것을 어렵게 만드는 것!

24세의 청년 차크라두르 데쉬무크도 바바를 만나기 위해 호텔을 찾아왔습니다. 그는 런던에서 철학 박사 학위를 공부하고 있었고 데일리 헤럴드에 실린 기사를 통해 바바의 존재를 알게 되었습니다.

사실 바바는 4개월 전에 데쉬무크가 바바가 자기 앞에 서 있는 꿈을 꾸었을 때 그에게 내면적으로 접촉을 취한 적이 있었습니다. 꿈에서 바바는 그에게 "당신은 나와 밀접하게 연결되어 있습니다. 당신은 좋은 사람입니다."라고 말했습니다.

나중에 그가 신문에서 바바의 사진을 보았을 때 그는 바바가 이미 자신의 가슴을 사로잡은 분이라는 것을 알아차렸습니다. 만남에서 바바의 질문에 대한 대답으로 데쉬무크는 자신이 철학을 공부하고 있으며 철학은 숨겨진 실재를 밝히는 과학이라고 바바에게 말했습니다.

바바는 미소를 지으며 "나에게 철학이란 단순한 것을 어렵게 만드는 것입니다!"라고 대답했습니다.

데쉬무크 박사는 바바의 열렬한 제자가 되었습니다.

-메허 바바의 영국 방문 1931-1956년 22페이지, 마가렛 히크먼 편집

Preface to Translation

Jai Baba~~

Blessed are the lovers who have been blessed with the words of Avatar Meher Baba.

This book, Sparks of the Truth(Subtitle: The Flame of Love), is a compilation of 20 stories from Meher Baba's treatise, Sparks of the Truth(13 in Part 1 and 7 in Part 2), plus a collection of Meher Baba's aphorisms(Part 3), and writings expressing the Truth as the fire of pure love of Lord Meher.

We extend our gratitude and congratulations to the lovers and workers who have helped this book see the light of day, including the translation.

There is only one the Path
That is the truth

There is no one on the Path
There never was

Thoughts, emotions, minds, moods is
create fear and sorrow, despair and anguish.

Based on the universe,
It is the ego's play

The soul is a tiny ember of love.
but once ignited, it burns the entire universe.

If you meet a Sparks of the Truth
you too will become a Sparks of the Truth.

Congratulations myself on the publication of 'Sparks of the Truth'..
Avatar Meher Baba Ki Jai!!

May 29, 2023. BabaNa Spania(♡)

번역 서문

제이 바바~~
아바타 메허 바바의 말씀을 접한 복 많은 러버에게 축복을 드립니다.

본서 진리의 불꽃(부제: 사랑의 불길)은 메허 바바의 논문인 진리의 불꽃(Sparks of the Truth)에 수록된 20가지 이야기(1부 13가지, 2부 7가지)와 메허 바바 격언집(3부)에 추가하여 진리를 순수한 사랑의 불로 표현한 로드 메허의 글을 첨부하였습니다.

번역을 비롯해, 이 책이 빛을 볼 수 있게 도움을 준 러버와 사역자들에게 감사함을 전하며 축하의 말을 글로써 대신 전합니다.

오직 길만 있다
그것이 진리다

길에는 아무도 없다
처음부터 없었다

생각, 감정, 마음, 기분은
두려움과 슬픔, 절망과 애환을 만든다

우주를 무대로 한
에고의 자작극이다

영혼은 하나의 작디작은 사랑의 불씨지만
한 번 불타오르면 온 우주를 태워버린다

진리의 불꽃을 만난다면
그대 또한 진리의 불꽃이 될 것이다

진리의 불꽃 출간을 자축하며..
아바타 메허 바바 키 제이!!

2023. 5. 29. 바바나 스파니아(♡)

The Fire of Pure Love

THE MESS OF THIS AGE WILL BE DISSOLVED BY THE FIRE OF PURE LOVE -FEBRUARY 1954

Early the next morning, at 4 A.M., Baba sanctified the Betwa River by bathing with its water. He also drank some of the water. Baba gave darshan at Ichhuara on February 4th, and thousands had the gift of his prasad as people from neighboring villages also came for the occasion. Baba also made house visits to the homes of Chaturbuj, Bhagwandas Rathor and Ramsaiah Singh Baghel.

Before leaving Mahabaleshwar, Baba had dictated twelve messages for the public, which were sent ahead to Hamirpur and Andhra to be translated into Hindi and Telugu. While dictating the following message called "Love Unadulterated," he had remarked, "The mess of this age will be dissolved by the fire of pure love. This is my main message!"

순수한 사랑의 불

이 시대의 혼란은 순수한 사랑의 불로 해소될 것입니다. -1954년 2월

이날 새벽 4시에 바바는 그 물로 목욕하여 베트와(Betwa) 강을 성화시켰습니다. 그는 또한 약간의 물을 마셨습니다. 바바는 2월 4일 이추아라(Ichhuara)에서 다르샨을 베풀었고, 이웃 마을 사람들도 이 행사에 참석하여 수천 명이 프라사드를 선물로 받았습니다. 바바는 또한 차투르부즈(Chaturbuj), 바그완다스 라토르(Bhagwandas Rathor) 및 람사야 싱 바헬(Ramsaiah Singh Baghel)의 집을 방문했습니다.

바바는 마하발레슈와르를 떠나기 전에 대중에게 12개의 메시지를 지시했으며, 이 메시지는 힌디어와 텔루구어로 번역되어 하미르푸르와 안드라로 보내졌습니다. 그는 "섞임이 없는 순수한 사랑"이라는 다음의 메시지를 지시하면서, "이 시대의 혼란은 순수한 사랑의 불로 해소될 것입니다. 이것이 나의 주요 메시지입니다!"라고 말했습니다.

Love, as it is generally and commonly understood, is but an attachment with selfish thoughts and motives involved.

Pure, real, unadulterated love has in it not even a tinge of lust. Lust for sex, lust for power, lust for name, lust for fame, lust for self-comforts defile the purity of love.

Pure, real love has also its stages, the highest being the gift of God to love Him. When one truly loves God, one longs for union with Him, and this supreme longing is based on the desire of giving up one's whole being to the Beloved.

When one loves a Perfect Master, one longs to serve him, to surrender to his will, to obey him wholeheartedly. Thus, pure, real love longs to give and does not ask for anything in return.

Even when one truly loves humanity, one longs to give one's all for its happiness. When one truly loves one's country, there is the longing to sacrifice one's very life without seeking reward and without the least thought of having loved and served. When one truly loves one's friends, there is the longing to help them without making them feel under the least obligation. When truly loving one's enemies, one longs to make them friends. True love for one's parents or family makes one long to give them every comfort at the cost of one's own.

Thought of self is always absent in the different acts of loving connected with the various stages of pure, real love; a single thought of self would be love adulterated.

-Lord Meher, 1st. ed., Bhau Kalchuri, Vol. 12, p4261

일반적으로 그리고 공통으로 이해되는 사랑은 이기적인 생각과 동기가 개입된 애착에 불과합니다.

순수하고, 진실하며, 아무것도 섞지 않은 사랑에는 욕정의 기미조차 없습니다. 섹스에 대한 욕정, 권력에 대한 욕정, 이름에 대한 욕정, 명성에 대한 욕정, 자기 위안에 대한 욕정은 사랑의 순결을 더럽힙니다.

순수하고 진정한 사랑에도 단계가 있는데, 가장 높은 단계는 그분을 사랑하기 위한 하나님의 선물입니다. 사람이 진정으로 하나님을 사랑할 때, 그분과의 연합을 갈망합니다. 그리고 이 최고의 갈망은 비러벳에게 속하고자 자신의 온 존재를 바치고자 하는 열망에 기초합니다.

한 완전한 스승을 사랑할 때, 사람은 그를 섬기고, 그의 뜻에 항복하고, 전심으로 그분께 순종하기를 갈망합니다. 따라서 순수하고 진실한 사랑은 주기를 갈망하고 그 대가로 아무것도 요구하지 않습니다.

진정으로 인류를 사랑할 때조차도, 사람은 행복을 위해 자신의 모든 것을 바치기를 갈망합니다. 진정으로 조국을 사랑할 때는, 보상을 바라지 않고 자신의 목숨을 희생할 수 있는 갈망이 있습니다. 그리고 사랑하고 봉사했다는 생각은 조금도 하지 않습니다. 친구를 진심으로 사랑할 때는 최소한의 의무감도 느끼지 않고 친구를 돕고자 하는 갈망이 있습니다. 원수를 진정으로 사랑할 때는 원수도 친구가 되기를 갈망합니다. 부모나 가족에 대한 진정한 사랑은 자신의 안락을 희생해서라도 모든 위안을 주고 싶어 합니다.

순수하고 진실한 사랑의 여러 단계와 연결된 다양한 사랑의 행위에서 자아에 대한 생각은 항상 부재합니다. 자아에 대한 단 한번의 생각도 사랑이 불순하게 섞이는 것입니다.

-로드 메허 초판 12장 4261페이지, 바우 칼추리 첨부

Sanctified by Divine Love

As it was forecasted in old Puranas that during the ages of kalyug period, river Betva would be given an importance of the pious river Ganga and would be sanctified by divine love. While Avatar of the age Beloved Meher Baba was crossing the river He dipped His toe of right leg in the water of Betva and took some water of the river with His hands to keep in His mouth and threw the same back in the flowing stream of Betva.

That divine action of Avatar of the age sanctified and made river Betva pious and holy as Ganga had been made holy by Ram, the Avatar in that period.

And thus Baba fulfilled the forecast made in Puran, "Kalyugey Betravati Ganga" and gave it the same importance and reverence to river Betva and made it modern Ganga. After that the group along with Beloved Meher Baba crossed the Betva river and proceeded to village Ichhaura....

Baba said, "Today, I am giving one of the most important days to Ichhaura; this has become a sanctified place in My love. In the future thousands will gather here to bathe in Betva."

Baba renamed the village and the area down to the banks of river Betva as "Prem Teerth" (Prem means 'Love' and Teerth literally means 'Anything sanctified by God').

In India, any place of spiritual importance, especially if it is situated by a river, is known as Teerth Kshetra (Kshetra means 'place'). By naming this particular site "Prem Teerth" Baba was, perhaps, emphasizing that those who would be visiting the place will reap the blessings of His love.

-History of Prem Teerth Ichhaura, pp. 28-30, by R.S. Singh Baghel

신성한 사랑으로 거룩하게 됨

오래된 푸라나스에서 칼유그 시대에 베트와 강이 경건한 강가(Ganga) 강을 중요시하고 신성한 사랑으로 성화될 것이라고 예측했듯이, 아바타 시대에 비러벳 메허 바바가 강을 건너는 동안 그는 오른쪽 다리의 발가락을 베트와의 물에 담그고 손으로 강물을 가져다가 입에 넣고 흐르는 베트와의 강물에 다시 던졌습니다.

그 시대의 아바타의 신성한 행동은 이전 시대의 아바타인 람에 의해 강가가 거룩해진 것처럼 베트와 강을 경건하고 거룩하게 만들었습니다.

따라서 바바는 푸란의 예언인 "칼유게이 베트와바티 강가"를 이행했고, 베트와 강에 동일한 중요성과 경외심을 부여하고 현대의 강가(Ganga)로 만들었습니다. 그 후 비러벳 메허 바바와 함께 그룹은 베트와 강을 건너 이치하우라(Ichhaura) 마을로 향했습니다....

바바는 "오늘 나는 이치하우라에 가장 중요한 날 중 하나를 제공합니다. 이곳은 내 사랑 안에서 성스러운 장소가 되었습니다. 앞으로 수천 명이 베트와에서 목욕을 하기 위해 이곳에 모일 것입니다."

바바는 마을과 베트와 강 유역의 이름을 "프렘 티어스(Prem Teerth)"로 바꿨습니다(프렘은 '사랑'을, 티어스는 문자 그대로 '하나님이 거룩하게 한 모든 것'을 의미합니다).

인도에서는 영(靈)적으로 중요한 여느 장소, 특히 강가에 위치한 장소를 '티어스 크셰트라(크셰트라는 '장소'라는 뜻)'라고 부릅니다. 이 특정 장소를 "프렘 티어스"라고 명명함으로써 바바는 아마도 이곳을 방문하는 사람들이 그의 사랑의 축복을 거둘 것임을 강조했을 것입니다.

-프렘 티어스 이차하우라의 역사 28-30페이지, R.S. 싱 바겔 첨부

Part I

Release from the False

Truth has nothing to do with the present organized religions. It is far beyond the limited dictates and bare doctrines of religions. Truth implies simply giving up Maya, i.e., release from the false. The false expresses itself through the bindings of Kama, Krodha and Kanchana—lust, anger and greed. Anybody can aspire for the Truth; and every one can attain it. Here there are no restrictions of caste or prejudices. The more you think of the false, the greater is your anxiety and the greater the fears attendant upon it.

And what are these fears and anxieties? They are the refuse, the "badbu" of your own mind. The Maya or illusion is so very strong that it subdues and captivates even great heroes. To subdue the forces of ignorance is, therefore, the real task before true heroes, who are very rare. He who is disinterested in materialistic life becomes either the greatest sinner or a real Master in spiritual life. The great Masters of their times have been most disinterested in materialistic life. They were the heroes of the spiritual world.

Seek that Truth, which will give you everlasting bliss and real knowledge. You will then be able to raise others also and save them from the entanglements of the world. Keep your mind quiet, steady and firm. Do not submit to desires; but try to control them. One who cannot restrain his tongue cannot restrain his mind. One who cannot restrain his mind cannot restrain his action. One who cannot restrain his action cannot restrain himself. And one who cannot restrain himself cannot gain his Infinite Self.

To give up the false life does not mean committing physical suicide. But it means living without any thought of the self.

1부

거짓으로부터의 해방

진리는 현재의 조직화된 종교와는 아무런 관련이 없습니다. 그것은 종교의 제한된 지시와 닳아빠진 교리를 훨씬 뛰어넘는 것입니다. 진리는 단순히 마야를 포기하는 것, 즉 거짓으로부터의 해방을 의미합니다. 거짓은 카마, 크로다 및 칸차나, 즉 욕정, 분노 및 탐욕의 속박을 통해 자신을 표현합니다. 누구나 진리를 열망할 수 있으며, 모든 사람이 진리를 성취할 수 있습니다. 여기에는 계급이나 편견의 제약이 없습니다. 거짓을 더 많이 생각하면 할수록, 여러분의 불안은 더 커지고 거기에 수반되는 두려움도 더 커집니다.

그렇다면 이러한 두려움과 불안은 무엇일까요? 그것들은 여러분 자신의 마음의 "바드부" 즉, 쓰레기입니다. 마야 또는 환상은 너무나 강력해서 위대한 영웅들조차도 정복하고 사로잡습니다. 그러므로 무지의 힘을 제압하는 것은 매우 드문 진정한 영웅 앞에 놓인 진정한 과제입니다. 물질주의적인 삶에 무관심한 사람은 가장 큰 죄인이 되거나 영적인 삶에 있어 진정한 스승이 됩니다. 그 시대의 위대한 스승들은 물질주의적인 삶에 가장 무관심했습니다. 그들은 영적 세계의 영웅들이었습니다.

여러분에게 영원한 지복과 참된 지식을 줄 그 진리를 추구하세요. 그러면 여러분은 다른 사람들도 일으켜 세워서 세상의 얽힘으로부터 그들을 구할 수 있을 것입니다. 자신의 마음을 조용하고 안정적이며 굳건하게 유지하세요. 욕망에 굴복하지 마세요. 욕망을 다스리려고 노력하세요. 자신의 혀를 제어할 수 없는 사람은 마음을 제어할 수 없습니다. 마음을 제어할 수 없는 사람은 행동을 제어할 수 없습니다. 행동을 제어할 수 없는 사람은 자신을 제어할 수 없습니다. 그리고 자신을 제어할 수 없는 사람은 자신의 무한한 참나를 얻을 수 없습니다.

거짓된 삶을 포기한다는 것이 육체적인 자살을 의미하는 것은 아닙니다. 그러나 그것은 자아에 대한 어떠한 생각도 없이 사는 것을 의미합니다.

It is to invite an utterly selfless life or living death. Giving up the false life means the death of all thoughts, desires and even the ego-mind itself. People die a thousand deaths; but they are where they are, chained to the wheel of births and deaths.

Once you surrender yourself to a Perfect Master he has to do his duty towards you. He cannot escape that. The only thing which is required is that you should have unbounded and unswerving faith. And that will enable him to do his duties towards you. So, take your Guru to be your God. And give unto him the surrenderance of full faith and the ungrudging service of unfaltering love.

The Truth-realized Master is here to give. He comes down for duty. He is the fountain of spiritual force; and the waters of pure spirituality flow from this source as in a river. Whoever needs it and has a desire may bring his vessel and fill it with knowledge and bliss, each as he deserves and according to his own requirements. The disinterested services of thousands of selfless workers cannot come anywhere near what one God-realized person can achieve for humanity. One who realizes God gets the authority for service. His very existence is a boon to mankind, and even to the universe. God's grace bestows on the soul the human form; but the Master's grace absolves it from the round of births and deaths.

It is difficult to understand the grace of the Master. If by temporarily hurting, you permanently effect a healing, your apparently cruel act of hurting is, in reality, a blessing. Similarly, if by effecting temporary healing, you are creating a permanent hurt, this apparently kind act of yours is, in reality, a curse. A doctor cutting open a boil and causing much pain to a patient may, at first sight, be considered an enemy. But when all impure matter is removed and the disease cured, he is, after fuller appreciation of the results, considered to be a friend.

그것은 완전히 이타적인 삶 또는 살아 있는 죽음을 초대하는 것입니다. 거짓된 삶을 포기한다는 것은 모든 생각과 욕망, 심지어 에고의 마음 자체의 죽음을 의미합니다. 사람들은 수없는 죽음을 맞이합니다. 그러나 그들은 탄생과 죽음의 수레바퀴에 묶여 그 자리에 머물러 있습니다.

일단 여러분이 완전한 스승에게 자신을 내어주면, 그는 여러분에 대한 의무를 다해야 합니다. 그는 그것을 피할 수 없습니다. 유일하게 요구되는 것은 여러분이 무한하고 흔들리지 않는 믿음을 가져야 한다는 것입니다. 그리고 믿음은 그가 여러분에 대한 자신의 의무를 다할 수 있게 해 줄 것입니다. 그러니, 여러분의 스승을 자신의 하나님으로 삼으세요. 그리고 그에게 완전한 믿음의 항복과 흔들리지 않는 사랑의 아낌없는 봉사를 하세요.

진리를 깨달은 스승은 베풀기 위해 여기에 있습니다. 그는 임무를 위해 내려옵니다. 그는 영적인 힘의 원천입니다. 그리고 순수한 영성의 물이 강에서처럼 이 근원에서 흘러나옵니다. 그것을 필요로 하고 원하는 사람은 누구나 자신의 그릇을 가져와서 지식과 지복으로 각자가 마땅히 받아야 할 대로 그리고 그 자신의 요구 사항에 따라 채워질 수 있습니다. 수천 명의 이타적인 일꾼들의 사심 없는 봉사도 하나님을 깨달은 한 사람이 인류를 위해 이룰 수 있는 것에 근접할 수 없습니다. 하나님을 깨닫는 사람은 봉사에 대한 권위를 얻습니다. 그의 존재 자체가 인류에게, 그리고 심지어 우주에도 유익합니다. 하나님의 은총은 영혼에 인간의 형태를 부여합니다. 그러나 스승의 은총은 탄생과 죽음의 순환에서 영혼을 방면합니다.

스승의 은총을 이해하는 것은 어렵습니다. 일시적으로 상처를 줌으로써 영구적으로 치유에 영향을 미친다면, 겉으로 보기에 상처를 주는 잔혹한 행위는 실제로는 축복입니다. 마찬가지로, 일시적인 치유를 가져옴으로써 영구적인 상처를 만들어 내고 있다면, 겉으로 보기에 친절해 보이는 여러분의 이 행위는 사실상 저주입니다. 의사가 종기를 절개하여 환자에게 많은 고통을 주는 것은 언뜻 보기에 적대적으로 여겨질 수 있습니다. 그러나 모든 불순물이 제거되어 질병이 치료되면, 결과를 더 충분하게 지켜본 후 그는 친구로 여겨집니다.

So the Master is at first taken to be an enemy when he tries to remove the sins, take away the desires and wipe out the impressions of the aspirant by imposing strict discipline. But when, through the grace of the Master, the ecstasy of union with the Divine Beloved is attained, he is seen to be a real friend. There is always the difference between the apparent and the real. Of course, one should go to a Perfect Master. To consign one's soul to an imperfect Master is like making a mad man sit on one's chest with a razor in his hand.

그래서 스승이 엄격한 규율을 부과하여 구도자의 죄악을 없애고, 욕망을 제거하고, 인상들을 없애려고 할 때, 처음에는 적대적으로 받아들여집니다. 그러나 스승의 은총을 통해 신성한 비러벳과의 합일의 황홀경에 이를 때, 그는 진정한 친구로 여겨집니다. 겉으로 보이는 것과 실재 사이에는 항상 차이가 있습니다. 물론 완전한 스승에게 가야 합니다. 불완전한 스승에게 영혼을 맡기는 것은 미친 사람의 손에 면도칼을 쥐게 하고 자기 가슴에 올라앉게 하는 것과 같습니다.

The Ocean of Truth

The infinite God, in His original state, may be compared to the ocean. When the ocean is completely still, it cannot know itself as might, since it is bereft of all movements. In order to realize itself as a mighty ocean, with all the immensity of its stored-up energy, there must come into existence some movement within it. Now the wind that creates a stir in the ocean of God is the impulse which God has in His original state for realizing the fullness and immensity of His own infinite being. This wind creates bubbles of different dimensions in the ocean. They correspond to the innumerable forms of evolving life from atom to man.

The highest bubble is perfect in consciousness and may be compared to a boat. It is the human body. The driving force of the evolution is the same as the original impulse to attain self-knowledge. But it gets wrapped up in diverse impressional dispositions. Therefore, that impulse, which has been likened to the wind, now expresses itself as ingrained mental dispositions, or active inscriptions which each action or experience scrawls on the evolving mind. The wind that drives the boat of the human body gets its directions from the determinative mental imprints. The impressions, left by experience and action on the evolving mind, are not mere idle imprints or entries. They have stored in themselves inexorable driving power or directional force.

진리의 바다

　본래의 상태에 있는 무한한 하나님은 바다에 비유할 수 있습니다. 바다가 완전히 고요할 때는 움직임이 전혀 없으므로 자신을 힘으로 알 수 없습니다. 저장된 에너지의 모든 광대함을 지닌 거대한 바다로 자신을 깨닫기 위해서는 그 안에 어떤 움직임이 생겨나야 합니다. 이제 하나님의 바다에 물살을 일으키는 바람은 하나님이 그 자신의 무한한 존재의 충만함과 광대함을 깨닫기 위해 자신의 원래 상태에 가지고 있는 충동입니다. 이 바람은 바다에 다양한 규모의 거품을 만듭니다. 거품은 원자에서 인간에 이르기까지 진화하는 무수한 형태의 생명체에 해당합니다.

　가장 높은 거품은 의식이 완전하며 배에 비유될 수 있습니다. 그것은 인간의 몸입니다. 진화의 원동력은 자아-지식을 달성하려는 원초적 충동과 같습니다. 그러나 그것은 다양한 인상적 성향[기질]들로 싸여 있습니다. 그러므로 바람에 비유되어 온 그 충동은 이제 자신을 몸에 깊이 밴 정신적 성향들, 또는 각각의 행동이나 경험이 진화하는 마음에 새겨지는 활동적인 명문銘文들로 표현됩니다. 인간의 몸이라는 배를 움직이는 바람은 결정력이 있는 정신적인 각인들로부터 그 방향을 잡습니다. 경험과 행동이 진화하는 마음에 남긴 인상들은 단순하고 무의미한 각인이나 기록들이 아닙니다. 그것들은 그 자체로 엄연한 추진력이나 방향성의 힘을 갖고 있습니다.

The average man occupies the boat of his body, but he has no control over the driving of the boat. In the boat his hands and feet are, as it were, tied down by his accumulated impressional dispositions. He cannot himself drive the boat as he pleases. But he finds that the boat of his body is driven hither and thither by his ingrained impressional dispositions. As he breathes, he adds to the wind, i.e., he creates further new impressional dispositions. It is not himself, but these freshly acquired dispositions, which have the determinative power for driving the boat.

If the man has good actions to his credit, the wind of his impressional dispositions leads the boat to a Boatman, who can not only freely guide the boat on the surface of the ocean, but even knows all the ins and outs of the ocean. The Boatman can not only lead on the surface, but also to the very bottom of the ocean. He knows the immensity of the ocean in its fullness. It should never be forgotten that it is the ocean itself which becomes the man in the boat, the boat and the Boatman. The moment the man drowns himself in the ocean he gets lost in the ocean, like a sugar-doll; and he realizes "I was and am the ocean, though previously I knew it not."

The Boatman, who has perfected himself in the supreme knowledge of the Truth, occupies and drives his own boat and also drives the boats of other bound souls, dragging them along. Such Boatmen are rare. There are many souls who become one with the Truth. But they retain no special connection with the sailing boats of men on the surface, though they are themselves one with the ocean. Only a few rise to the surface, plying their own boats with hands and feet completely free and helping other boats of bound souls to reach their goal. These Boatmen derive their inspirational strength, not from any impressionary dispositions, but from the Truth itself. They not only steer the boats of other men who are on the surface, but lead them to their destination of being dissolved in the infinite depths of the ocean of life.

보통 사람은 그의 몸이라는 배를 점유하지만, 배의 운전을 통제할 수는 없습니다. 배 안에서 그의 손과 발은, 말하자면, 그의 축적된 인상적 성향에 의해 묶여 있습니다. 그는 자신이 원하는 대로 배를 스스로 운전할 수 없습니다. 그러나 그는 자신의 몸이라는 배가 몸에 깊이 배어든 인상적인 성향에 의해 이리저리로 떠돌아다닌다는 것을 알게 됩니다. 그가 숨을 쉴 때, 그는 바람을 더합니다. 즉, 그는 추가적으로 새로운 인상적 성향을 만들어 냅니다. 배를 운전하기 위한 결정적인 힘을 가지고 있는 것은 그 자신이 아니라, 이 새롭게 획득한 성향[기질]들입니다.

만약 사람이 자신의 신용[업보]에 선(善)한 행위들을 가지고 있다면, 그의 인상적 성향의 바람은 배를 바다 표면에서 자유롭게 안내할 수 있을 뿐만 아니라, 바다 구석구석을 모두 알고 있는 뱃사공에게로 인도합니다. 뱃사공은 바다 표면뿐 아니라, 바다 맨 밑바닥까지도 인도할 수 있습니다. 그는 바다의 광대함을 완전히 알고 있습니다. 배에 탄 사람, 배, 뱃사공이 되는 것은 바다 그 자체라는 사실을 결코 잊어서는 안 됩니다. 사람이 바다에 스스로 빠지는 순간, 그는 설탕 인형처럼 바다에서 형체를 잃습니다. 그리고 그는 "이전에는 몰랐지만, 나는 바다였고 바다이다."라는 사실을 깨닫습니다.

진리에 대한 지극한 지식으로 자신을 완성한 뱃사공은 그 자신의 배를 차지하고 운전하며, 또한 속박된 다른 영혼들의 배를 운전하여 그들도 함께 끌고 갑니다. 그런 뱃사공은 드뭅니다. 진리와 하나가 되는 영혼들은 많이 있습니다. 그러나 그들 자신은 바다와 하나이지만, 바다 표면에 있는 사람들의 항해하는 배와 특별한 관계를 유지하지 않습니다. 소수만이 수면으로 올라와 손발이 완전히 자유로운 상태에서 자신의 배를 능숙하게 조정하며, 다른 속박된 영혼들의 배가 그들의 목표에 도달하도록 돕습니다. 이러한 뱃사공들은 어떤 인상적인 성향에 의해서가 아니라 진리 그 자체에서 그들의 영감의 힘을 얻습니다. 그들은 수면에 있는 다른 사람들의 배를 조종할 뿐만 아니라, 생명의 바다의 무한한 심연에 용해되는 목적지로 그들을 인도합니다.

These Masters or Boatmen relieve the surface sailors of all unnecessary fears, free them from the distracting temptations of the surface and ultimately win them over to getting themselves drowned and lost in the infinite ocean of Truth. They come to be known in the world and are the real Saviors of humanity. They take them away from the superficiality of human life to the depths of unending divinity or the infinite knowledge, bliss and power in the indivisible Truth of Being. These Boatmen are not only the Masters of the unlimited, but also the Masters of all that is finite. Their experience is all-comprehensive, leaving nothing outside its scope.

However, in order that the Boatmen should be able to discharge their duty towards the bound sailors in the surface-boats, the sailors have to give themselves over to the Boatmen. The surrender must be complete. The sailors whose hands and feet are tied have to hand over completely the charge of their own boats to these Boatmen. The bound souls have to transfer the charge not only of the gross body, but also of their subtle and mental bodies. They must not retain anything for themselves. This complete surrender of body, desires and ego-mind is something symbolized in the East by offering to the Master a coconut.

The symbolism of the coconut fruit, conventionally offered to the Master in certain areas, may be explained as follows. The outer threads on the hard cover of the coconut represent the physical body. The outer hard covering represents the subtle body with all its surging impressional desires. The inner kernel in the coconut represents the mind with seeds of impressions. And the inmost water is essentially not different from the water of the ocean, from which it is ultimately soaked up by the roots of the trees on the shore. It may therefore be likened to a portion of divinity itself. Now, because of the sheaths of the inner kernel, the outer cover and the thick layer of threads, the inmost water remains completely hidden from view; and the identity of the inmost being of the coconut with the ocean itself is not even suspected. So the coconut, with all the covers, is symbolically offered to the Master in order that he may reveal the inmost essence of the soul as it is.

이들 스승 또는 뱃사공은 수면 위 선원들의 모든 불필요한 두려움을 덜어주고, 수면의 산만한 유혹으로부터 벗어나게 하고, 궁극적으로 그들을 설득하여 무한한 진리의 바다에 빠져 길을 잃고 헤매는 선원들을 구해냅니다. 그들은 세상에 알려지게 되고, 인류의 진정한 구원자들입니다. 그들은 인간 삶의 피상적인 삶에서 영원한 신성의 심연 또는 나눌 수 없는 존재의 진리 속에 있는 무한한 지식, 지복 및 힘으로 그들을 데려갑니다. 이들 뱃사공은 무한한 것의 주인일 뿐만 아니라, 유한한 모든 것의 주인이기도 합니다. 그들의 경험은 포괄적이며, 그 범위를 벗어나는 것은 아무것도 없습니다.

그러나 뱃사공들이 수면 위 배들에 속박된 선원들에 대한 자신들의 의무를 다할 수 있도록, 선원들은 뱃사공들에게 자신을 넘겨야 합니다. 항복은 완전해야 합니다. 손발이 묶인 선원들은 이 뱃사공들에게 자신의 배에 대한 책임을 완전히 넘겨야 합니다. 속박된 영혼들은 육체뿐만 아니라, 그들의 기(氣)적이고 정신적인 몸에 대한 책임도 넘겨주어야 합니다. 그들은 자신을 위해 어떤 것도 보유해서는 안 됩니다. 육체, 욕망, 에고적인 마음의 이러한 완전한 항복은 동양에서 스승에게 코코넛을 바치는 것으로 상징됩니다.

특정 지역에서 전통적으로 스승에게 바치는 코코넛 열매의 상징성은 다음과 같이 설명될 수 있습니다. 코코넛의 단단한 껍질에 있는 바깥쪽 실은 육체를 나타냅니다. 겉의 딱딱한 껍질은 솟구치는 모든 인상적인 욕망을 가진 기(氣)적인 몸을 나타냅니다. 코코넛의 내부 알맹이는 인상들의 씨앗을 품은 마음을 나타냅니다. 그리고 가장 안쪽의 물은 본질적으로 바다의 물과 다르지 않으며, 그것은 결국 해안에 있는 나무의 뿌리를 통해 흡수됩니다. 그러므로 그것은 신성 그 자체의 일부에 비유될 수 있습니다. 지금은 내부 알맹이의 껍질, 외부 껍질 및 두꺼운 실의 층으로 인해 가장 안쪽의 물은 시야에서 완전히 가려져 있으며, 코코넛의 가장 안쪽 존재가 바다 그 자체와 같다는 것은 의심조차 되지 않습니다. 그래서 코코넛은 모든 껍질과 함께 그가 영혼의 가장 깊은 본질을 있는 그대로 드러낼 수 있도록 스승에게 상징적으로 바쳐집니다.

The Master takes off the threads on the exterior one by one. This is like relieving the burdened mind of ordinary men. It corresponds to taking from them all bodily attachments one by one and ultimately taking away from them the attachment to body itself. Destruction of the body through physical death does not solve any problem, because the ego-mind grows new bodies in new incarnations. Through utter non-attachment to the physical body, the soul is relieved of the limitations of the outermost covering, symbolized by the threads of the coconuts. When the hindrance of the physical body is removed, the body begins to function consciously. This is the state of the Yogis.

But the sheath of the subtle body, with all its surging desires, has also to be shed. This corresponds to the Master's breaking open the outer hard covering of the coconut. And when the obstructivity of the subtle body is removed, the soul begins to function consciously through its mental ego-body. This is the stage of the advanced souls. The ego-mind corresponds to the inner kernel of the coconut; and the Master has to break open even this inner kernel to take the soul to its own essence, which, in this analogy, corresponds to the inmost water in the coconut. Breaking the inner kernel means that the mind of the person ceases to function completely. It comes to a standstill since the seeds that activate the ego-mind are all burnt up. When the hindrance of the ego-mind is removed, the Master, as it were, drinks the inmost sweet water and makes it unite with the ocean of life that he is, Lover and Beloved have become one consciously.

스승은 외관의 실을 하나씩 벗겨 냅니다. 이것은 평범한 사람들의 무거운 마음을 덜어주는 것과 같습니다. 그것은 그들에게서 모든 육체적 집착을 하나씩 제거하여 궁극적으로 몸 자체에 대한 애착을 제거하는 것에 해당합니다. 육체적 죽음을 통한 몸의 파괴는 어떤 문제도 해결하지 못합니다. 왜냐하면 에고적인 마음은 새로운 화신 속에서 새로운 몸을 성장시키기 때문입니다. 육체에 대한 완전한 집착 없음을 통해 영혼은 코코넛 실로 상징되는 가장 바깥쪽 껍질의 한계들에서 벗어날 수 있습니다. 육체의 장애가 제거되면 몸은 의식적으로 기능하기 시작합니다. 이것이 요기들의 상태입니다.

그러나 솟구치는 모든 욕망과 함께 기氣적인 몸의 껍질도 벗겨져야 합니다. 이것은 스승이 코코넛의 바깥쪽 딱딱한 껍질을 깨뜨려서 여는 것에 해당합니다. 그리고 기氣적인 몸의 장애가 제거되면, 영혼은 자신의 정신적인 에고의 몸을 통해 의식적으로 기능하기 시작합니다. 이것은 진보된 영혼들의 단계입니다. 에고적인 마음은 코코넛의 내부 알맹이에 해당하며, 이 비유에서 스승은 코코넛의 가장 안쪽의 물에 해당하는 그 자신의 본질로 데려가기 위해 이 내부 알맹이조차 깨뜨려서 열어야 합니다. 내부 알맹이를 깨뜨리는 것은 사람의 마음이 기능하는 것을 완전히 멈춘다는 것을 의미합니다. 에고의 마음을 활성화하는 씨앗들이 모두 타버리기 때문에 마음은 정지 상태가 됩니다. 에고적인 마음의 장애가 제거되면, 스승은 그대로 가장 안쪽의 달콤한 물을 마시고, 그것을 자신인 생명의 바다와 하나가 되게 합니다. 러버와 비러벳은 의식적으로 하나가 된 것입니다.

When the Master enables the soul to get at its real essence by shedding its sheaths of bodies, it may be said to have the innermost water of the coconut. The Master now takes that water, which is the essence of the coconut, and mixes it up with the water of the ocean itself, by showing that it is not any different. This is like drinking the water and making it unite with the ocean of life, which the Master is.

The water has not been destroyed; it has become united with its source. The lover and the beloved have become one. This is the bestowal of God-realization and the true knowledge and the enjoyment of the unbounded ocean of Truth. The soul has now gone back exactly to the state from where it started, with the only difference that it now knows itself to be the mighty ocean of Truth, whereas in the beginning, it was unconscious of this fact.

스승이 육체의 껍질을 벗김으로써 영혼이 그 진정한 본질에 도달할 수 있게 할 때, 그것은 코코넛의 가장 안쪽의 물을 가지고 있다고 말할 수 있습니다. 스승은 이제 코코넛의 정수인 그 물을 가져다가 바다 그 자체의 물과 섞고, 그것이 조금도 다르지 않다는 사실을 보여줍니다. 이것은 마치 그 물을 마시고, 스승인 생명의 바다와 하나가 되게 하는 것과 같습니다.

　물은 파괴되지 않았으며, 그 근원과 하나가 된 것입니다. 러버와 비러벳이 하나가 되었습니다. 이것은 참나-깨달음의 은총이며 진리의 무한한 바다의 참된 지식과 즐거움입니다. 영혼은 이제 태초에는 이 사실을 의식하지 못했지만, 이제는 스스로가 진리의 거대한 바다라는 사실을 알고 있다는 유일한 차이점만 있을 뿐, 처음 시작했던 자신의 상태로 정확히 돌아갔습니다.

Creeds and the Inner Path

The majority of persons are comparable to blind people, who are inexorably committed to the life of ceaseless wandering in mountainous regions with hills and dales, peaks and valleys. Human beings have come to a sort of plateau after ages of groping through the sub-human kingdoms; but they are subject to the gathered momentum of their long-drawn-out past. Their animal ancestry invites them again and again into the dark unfathomed valleys of unconscious inertia or the brutal life of undirected impulses.

To guard against a precipitous fall, life has provided automatic suffering that inevitably betakes those who slip back. But even those who do not slip back and walk on the table-land find themselves bumping against many stones and inviting upon themselves new types of ceaseless sufferings, until they come to develop the desire to climb up to the place of safety. For those who are desirous of climbing, the religions play a very important part. Even a blind man has reasonable chances of rising to considerable heights if he, through spontaneous inclination or training, gets reconciled to any one of the religious creeds.

The established religious rites and ceremonies are comparable to spiral or winding staircases. They take man on a daily round of duties; and when a day begins, man finds himself doing exactly the things which he has done on previous days. He might soon get tired of his round of duties, thinking that they lead him nowhere, and desire to go back to the ground-floor to the aimless wanderings to which he had got accustomed before he got on the staircase. But much of this discontent is due to inaccurate appraisal. He seems to be moving in a circle. But, in fact, he is climbing up the spiral steps and has actually risen a little higher, though it seems that he has come to the same point.

Meeting a Perfect One is the law of the spiritual life. After one meets the Perfect One, His words should have greater value than the established codes of religion.

교리와 내면의 길

사람들 대다수는 언덕과 골짜기, 산봉우리와 계곡이 있는 산간 지역에서 쉴 새 없이 방황하는 삶에 거침없이 전념하는 눈이 먼 사람들과 비슷합니다. 인간들은 인간 이전의 왕국들을 찾아 헤맨 끝에 일종의 고원에 도달했지만, 그들은 오랫동안 끌어온 과거의 축적된 기운에 지배당하고 있습니다. 그들의 동물 조상은 그들을 무의식적인 관성의 어둡고 깊이를 알 수 없는 계곡이나 무분별한 충동의 야만적인 삶으로 계속해서 유혹합니다.

급격한 추락을 방지하기 위해, 삶은 뒤로 미끄러지는 사람들에게 필연적으로 닥치는 자동적인 고통을 제공해왔습니다. 그러나 뒤로 미끄러지지 않고 평지 위를 걷는 사람들도 많은 돌에 부딪히며 새로운 유형의 끊임없는 고통을 자신에게 불러들인다는 것을 스스로 알게 되고, 마침내 그들은 안전한 곳으로 오르고자 하는 욕구를 갖게 됩니다. 등반을 원하는 사람들에게 종교는 매우 중요한 역할을 합니다. 눈이 먼 사람이라도 자발적인 성향이나 훈련을 통해 종교적 교리 중 어느 하나와 조화를 이룬다면, 상당한 높이까지 오를 합리적인 기회가 있습니다.

기존 종교의 의례와 의식들은 나선형이나 구불구불한 계단에 비유할 수 있습니다. 그것들은 사람에게 일상적인 의무를 수행하게 하고 하루가 시작되면 그는 전날에 했던 것과 똑같은 일을 하고 있는 자신을 발견합니다. 그는 곧 반복되는 업무에 지쳐서 그를 어디로도 이끌지 못한다고 생각하면서 지상으로 돌아가 그가 계단을 오르기 전에 익숙해졌던 목적 없는 방랑을 하고 싶어 할 것입니다. 그러나 이러한 불만 대부분은 부정확한 평가에 기인합니다. 그는 원을 그리며 움직이고 있는 것처럼 보입니다. 그러나 사실 그는 나선형 계단을 오르고 있으며, 같은 지점에 도달한 것처럼 보이지만, 실제로는 조금 더 높이 올라갔습니다.

완전한 존재를 만나는 것은 영적 삶의 법칙입니다. 완전한 존재를 만난 후에는 그의 말들이 기존 종교의 규범보다 더 큰 가치가 있어야 합니다.

If there is a clash between the established codes and the orders of the Perfect One, His orders should be followed without fear or hesitation. The codes, though generally helpful, do not cover all possible cases. There are important exceptions. He who follows a guide is saved by His watchful care. This may be illustrated by means of an anecdote.

Once upon a time a sage sent his son to a debtor's house to recover a loan. The son was advised never to sleep under the shade of a tree, or pass the night in a city during the journey, or sleep at the debtor's house. But the sage also instructed the son to obey the commands of an experienced guide, if perchance he happened to meet such a one. The boy started on his journey and by sunset he met an aged person, who seemed to him to be a man of much experience. The old man said that he too wanted to go to the same destination and offered his company to the boy, which he willingly accepted. After some time they came to a big and shady tree where the old man decided to halt for the night. The boy remembered his father's words that he should obey the experienced guide. So he raised no objection to sleeping under the shade of a tree, though this was against the general command which he had received. He soon fell asleep and was lost in dreamland. The old man, however, kept watch, and when, at midnight a big snake appeared under the tree, the vigilant guide soon killed the snake and the night passed off safely.

Next morning the boy and the guide resumed their journey. At night, they came to a big city. The old guide decided to pass the night there. This was contrary to the general advice of the boy's father. But the boy again accepted the order of his guide and agreed to spend the night in the city. The king of the city had a daughter. Anyone who got married to her never came back alive after the wedding night. This happened invariably in the case of all who were successively married to the princess. And when this fact became known to the inhabitants of the city, no one in the city was willing to marry the princess. So the king decided his daughter would marry a young man who came from outside the city.

만약 확립된 규범과 완전한 존재의 명령 사이에 충돌이 있을 경우, 두려움이나 망설임 없이 그의 명령을 따라야 합니다. 규범은 일반적으로 도움이 되지만, 모든 가능한 경우를 다루지는 않습니다. 중요한 예외가 있습니다. 안내자를 따르는 사람은 그의 세심한 보살핌으로 구원을 받습니다. 이것은 일화를 통해 설명할 수 있습니다.

옛날에 한 현자가 빚을 받기 위해 아들을 채무자의 집으로 보냈습니다. 아들은 결코 나무 그늘 밑에서 잠을 자거나, 여행하는 동안 도시에서 밤을 보내거나, 채무자의 집에서 잠을 자서는 안 된다고 충고를 받았습니다. 그러나 현자는 또한 아들에게 만약 우연히 경험이 풍부한 안내자를 만난다면, 그 사람의 명령을 따르라고 지시했습니다. 소년은 여행을 떠났고, 해 질 무렵에 그는 경험이 많은 사람처럼 보이는 한 노인을 만났습니다. 노인은 자신도 같은 목적지에 가고 싶다고 말하면서 소년에게 동행을 제안했고, 소년은 기꺼이 수락했습니다. 얼마 후 그들은 크고 그늘진 나무에 이르렀고 노인은 그곳에서 밤을 지내기로 결정했습니다. 소년은 경험 많은 안내자에게 순종해야 한다는 아버지의 말을 기억했습니다. 그래서 그는 비록 그가 받은 일반적인 명령에 어긋나는 일이었지만, 나무 그늘 밑에서 자는 것에 관해 이의를 제기하지 않았습니다. 소년은 곧 잠이 들었고, 꿈나라에서 길을 잃었습니다. 그러나 노인은 계속 깨어 있었고, 한밤중에 큰 뱀이 나무 아래에 나타났을 때, 경계를 늦추지 않은 안내자는 곧 뱀을 죽였고, 밤은 무사히 지나갔습니다.

다음 날 아침 소년과 안내자는 여행을 재개했습니다. 밤이 되자 그들은 대도시에 도착했습니다. 늙은 안내자는 그곳에서 하룻밤을 보내기로 했습니다. 이것은 소년의 아버지의 일반적인 조언과는 상반되는 것이었습니다. 그러나 소년은 다시 안내자의 지시를 받아들여 도시에서 밤을 보내는 것에 대해 동의했습니다. 도시의 왕에게는 딸이 있었습니다. 그녀와 혼인한 사람은 누구든 결혼식 날 밤 이후 살아 돌아오지 못했습니다. 이것은 연이어 공주와 혼인한 모든 사람의 경우에 변함없이 일어났습니다. 그리고 이 사실이 도시의 주민들에게 알려졌을 때, 그 도시의 아무도 공주와 혼인하려고 하지 않았습니다. 그래서 왕은 그의 딸을 도시 밖에서 온 젊은 사람과 혼인시키기로 결심했습니다.

When the king heard of the arrival of the two strangers, he accordingly summoned the boy to his palace. The old guide, however, gave some definite instructions to the boy before he was taken from him. When the boy found himself in the royal harem he got bewildered. But he scrupulously stuck to the instructions of his guide and the result was that he passed a safe night and he was the only one like him to tell the tale next morning. Plus, he was allowed to go his own way. He returned to his guide and they again resumed their journey onwards.

Ultimately, when both reached their destination, the debtor of the boy paid back the loan. The boy was about to return immediately, but the old guide insisted upon their availing themselves of the hospitality offered by the debtor to spend the night under his roof. The boy, who had all the while met no harm by following the order of the guide, decided not to disobey him even this time. After supper the host inquired as to where they would prefer to sleep at night. And the old man requested that they be allowed to sleep in the verandah. Both slept there for awhile. But at midnight the old guide awakened the boy in his care and asked him to come with him inside the house. Two sons of the debtor were sleeping inside. The old man requested them to change places with them, since they, being new to the place, could not withstand the cold outside. The sons of the debtor agreed to the suggestion and obliged the guests. In the morning when the boy got up, he witnessed a gruesome tragedy. The host was wailing and weeping over the murders of his two sons who, he declared, were killed by robbers that night. The fact was that the debtor himself, in his uncontrolled greed and miserliness, had committed the foul deed, believing that the two persons in the verandah were the visitors and hoping to get back the money which he paid the boy.

When the old guide started their return journey, the boy began to assert that all the restrictions which his father had put on him were groundless, since he discovered through his own experience that every time he disregarded those restrictions he came to no grief.

왕이 두 명의 낯선 사람이 도착했다는 소식을 듣고 소년을 궁전으로 불렀습니다. 그러나 늙은 안내자는 왕이 소년을 데려가기 전에 소년에게 몇 가지 확실한 지시를 내렸습니다. 소년은 자신이 왕실 하렘[규방]에 있다는 것을 알게 되었을 때 당황했습니다. 그러나 그는 안내자의 지시를 철저히 따랐고, 그 결과 그는 안전한 밤을 보냈으며, 다음 날 아침 그 믿지 못할 이야기를 전할 수 있는 유일한 사람이 되었습니다. 게다가 그는 자신의 길을 가도록 허락받았습니다. 그는 자신의 안내자에게 돌아왔고, 그들은 다시 여행을 계속했습니다.

결국 둘 다 목적지에 도착했을 때, 소년의 채무자는 빚을 갚았습니다. 소년은 즉시 돌아오려고 했지만, 늙은 안내자는 채무자가 제공한 환대를 이용하여 그의 집에서 밤을 보내자고 주장했습니다. 안내자의 지시를 따름으로써 그동안 아무런 해도 입지 않았던 소년은 이번에도 그를 거역하지 않기로 결심했습니다. 저녁 식사 후 주인은 밤에 그들이 어디에서 자고 싶은지 물었습니다. 그리고 노인은 그들이 베란다에서 잘 수 있도록 해 달라고 요청했습니다. 둘은 잠시 그곳에서 잠을 잤습니다. 그러나 한밤중에 늙은 안내자는 자신이 돌보던 소년을 깨워서 자신과 함께 집 안으로 들어가자고 했습니다. 채무자의 두 아들이 안에서 자고 있었습니다. 노인은 그들에게 자신들은 이곳에 처음 온 사람들이라 바깥의 추위를 견딜 수 없었기에 그들과 자리를 바꾸자고 요청했습니다. 채무자의 아들들은 그 제안에 동의하여 손님들의 부탁을 들어 주었습니다. 아침에 소년이 일어났을 때, 그는 끔찍한 비극을 목격했습니다. 주인은 그날 밤 강도들에게 자신의 두 아들이 살해당했다고 주장하면서 그들이 살해된 것에 대해 울부짖으며 통곡하고 있었습니다. 사실은 채무자 그 자신이 통제할 수 없는 탐욕과 인색함으로 베란다에 있는 두 사람을 손님이라고 믿고, 그가 소년에게 갚은 돈을 돌려받기를 바라면서 악행을 저질렀던 것입니다.

늙은 안내자가 그들의 돌아오는 여행을 시작했을 때, 소년은 아버지가 그에게 내린 모든 제약이 근거가 없다고 주장하기 시작했습니다. 왜냐하면 그가 매번 그러한 제약을 무시해도 일이 완전히 실패로 끝나지 않았다는 사실을 경험을 통해 발견했기 때문입니다.

The old man smiled and reminded him that among other things, his father had also given him the instruction to follow an experienced guide. The boy, however, felt sure that the other instructions imposed by his father were meaningless. Then the old guide discussed all the incidents in the journey and convinced the boy that he would surely have come to grief and even might have lost his very life by disregarding the initial advice given by his father, had it not been for the fact that he was saved every time by the intervention of the one whom he had accepted as his guide.

The established codes of religion and morality are like the general advice given by the father of the boy. They are for the well-being of mankind. But when a person gets the advantage of living wisdom, it has to be accepted in preference to these established codes. This may be done, not only without coming to any harm, but with much benefit.

As stated by a seer, wealth may be sacrificed for health; wealth and health for self-respect; and all three (wealth, health and self-respect) for one's own religion. But to gain God, everything, including religion, may be sacrificed without hesitation.

The established religious conceptions, organizations and ways of life do conserve a great many values and a great deal of gathered energy and momentum. But when they get loosened from the life force of inspiration, they can, for those who are uncritical, easily become hindrances. A staircase of steps is a help for one who has the grit and the undaunted will to climb. But it is a regular series of stumbling blocks for one who, though desirous of climbing, has a recurring inclination to revert to the original habit of merely walking on level ground. And if he has no desire to climb up, the staircase does not come to him even as an obstacle. He develops the soothing belief that the step which he happens to take is his last landing. Or he blindly takes to the gradual slopes, which lead him to the depths of ignorance or to the precipices from which he has a sudden fall.

노인은 미소를 지으며 무엇보다도 아버지가 경험 많은 안내자를 따르라는 지시를 내렸다는 사실을 소년에게 상기시켰습니다. 그러나 소년은 아버지가 내린 다른 지시 사항들은 무의미하다고 느꼈습니다. 그러자 늙은 안내자는 여행 중의 모든 사건에 관해 이야기했고, 소년이 안내자로 받아들인 사람의 개입으로 매번 구원받은 사실이 없었다면, 그가 아버지가 준 처음의 조언을 무시함으로써 분명히 일이 완전히 실패로 끝났을 것이고, 심지어 그의 목숨을 잃었을지도 모른다고 소년을 설득했습니다.

종교와 도덕의 확립된 규범들은 소년의 아버지가 준 일반적인 조언과 같습니다. 그것들은 인류의 안녕을 위한 것입니다. 그러나 사람이 살아 있는 지혜의 이점을 얻게 되면, 이러한 확립된 규범들보다 우선해서 받아들여야 합니다. 이것은 어떠한 해도 끼치지 않을 뿐만 아니라, 많은 유익과 함께 이루어질 수 있습니다.

현자가 말했듯이, 부富는 건강을 위해, 부와 건강은 자부심을 위해, 그리고 세 가지 모두(부, 건강, 자부심)는 자기 자신의 종교를 위해 희생될 수 있습니다. 그러나 하나님을 얻기 위해서는 종교를 포함한 모든 것은 주저 없이 희생할 수 있습니다.

기존의 종교적 개념, 조직 및 삶의 방식들은 엄청 많은 가치와 다량의 모인 에너지 및 추진력을 보존합니다. 그러나 그것들이 영감의 생명력으로부터 느슨해지면, 비판적이지 않은 사람들에게는 쉽게 방해 요인이 될 수 있습니다. 단계적 계단은 오르고자 하는 용기와 불굴의 의지를 가진 사람에게 도움이 됩니다. 그러나 오르는 것을 원하지만, 단순히 평지에서 걷는 원래 습관으로 돌아가려는 반복적인 경향이 있는 사람에게는 주기적인 일련의 걸림돌입니다. 그리고 오르고 싶은 욕망이 없으면, 계단은 장애물로서조차 그에게 다가오지 않습니다. 그는 자신이 우연히 밟은 단계가 그의 마지막 도착지라는 차분한 믿음을 갖게 됩니다. 또는 그는 맹목적으로 점진적인 비탈길을 택하는데, 이것은 그를 무지의 심연이나 갑자기 떨어지는 낭떠러지로 인도합니다.

For many people, the round of duties given by established religions is a definite help and a boon. However, after a certain point, these rounds of duties begin to degrade rather than elevate the person concerned. And there arises a need for some other mode of ascent. This is like getting into an elevator or flying in an airplane. This is the inner life of spiritual endeavor which transcends one limitation after another. The guide to the inner life of spiritual endeavor must be one who has seen the mountain top, i.e., one who is spiritually perfect.

The knowledge of truth gained through the established creeds is like the knowledge of a town which one may get by seeing it on a map. To see the town in one's own experience, one has to take the trouble of actually going there. The truth of creeds may also be compared to the cow seen in the picture. It is one thing merely to see the picture of a cow. But it is quite a different thing to have a real cow and drink its milk. So all the religious creeds, though useful for the time being, have to be completely left behind; and the inner spiritual path has to be actually traversed before anyone can realize the infinite Truth in his own immutable experience. It is while traversing the inner spiritual path that critical thinking, as well as submission to the direction of the Perfect Ones, have both their legitimate functions. But the goal of untrammeled Divinity is the really important thing.

많은 사람에게, 기존 종교가 제공하는 일련의 의무들은 확실한 도움과 혜택입니다. 그러나 특정 시점이 지나면, 이러한 일련의 의무들은 해당 사람을 고양시키기보다는 저하시키기 시작합니다. 그리고 어떤 다른 상승 방식의 필요성이 발생합니다. 이것은 엘리베이터를 타거나 비행기를 타는 것과 같습니다. 이것이 바로 하나의 한계를 차례로 초월하는 영적 노력의 내적 삶입니다. 영적 노력의 내적 삶의 안내자는 산 정상을 본 사람, 즉 영적으로 완전한 사람이어야 합니다.

확립된 교리를 통해 얻은 진리에 대한 지식은 지도를 봄으로써 얻을 수 있는 도시에 대한 지식과 같습니다. 자기 자신의 경험으로 도시를 보려면, 실제로 거기에 가는 수고를 감수해야 합니다. 교리의 진리는 또한 그림에서 본 소에 비유될 수 있습니다. 단지 소의 그림을 보는 것은 한 가지 일입니다. 그러나 진짜 소를 가지고 그 우유를 마시는 것은 완전히 다른 일입니다. 따라서 당분간은 유용할지라도 모든 종교적 교리는 완전히 버려야 합니다. 그리고 누구나 자기의 불변의 경험으로 무한한 진리를 깨달을 수 있기 전에, 내면의 영적인 길을 실제로 횡단해야 합니다. 완전한 존재들의 지시에 대한 복종뿐만 아니라 비판적 사고가 모두 정당한 기능을 갖는 것은 내면의 영적 길을 횡단하는 동안입니다. 그러나 구속받지 않는 신성에 대한 목표는 정말로 중요한 것입니다.

The Market for God

There is no market for providing the realization of God. And even if anyone were to offer such realization, there would be extremely few customers for it. The world is so immersed in ignorance that it has no capacity to assess the value of spiritual Truth. Yet the Masters have again and again tried to help the fumbling and bungling masses of humanity by describing Godhood in a language which they could understand. By descending to their level, only some glimpses of that Truth can be imparted. However, for the most part, those who are thickly covered with ignorance remain impervious even to this bestowal, because their minds have become stiff and unyielding due to the usual worldly habits of thought and feeling.

The world mostly fails to appreciate the value of the really important things. And even among those who appreciate it, most persons are held back from deriving any benefit from them. This may be illustrated by means of a story.

A devotee of God spent much of his life in worship in one village. After years of worship, there arose in his mind a new longing to have the realization of God as Truth. He became so restless that he wanted to have the supreme experience instantaneously. One day he came to a Sage, who had just newly arrived at that village on a casual visit. Approaching the Sage with great respect, the man said, "I have wandered as a pilgrim from one place to the other; and I also visited many sages and saints to get their help and blessings. But I am nowhere nearer the fulfillment of my one desire; and I have waited long enough. Now I approach you in full surrenderance to get from you such light and help as I may."

The man said this in all sincerity, believing that he was really ready to receive the highest spiritual experience, not knowing that he was really thoroughly unprepared for the receiving of such a vast thing.

하나님을 위한 시장

하나님에 대한 깨달음을 제공하기 위한 시장은 존재하지 않습니다. 그리고 누군가가 그러한 깨달음을 제공한다고 해도, 이를 위한 고객은 극소수일 것입니다. 세상은 무지에 너무 빠져 있어서 영적 진리의 가치를 평가할 능력이 없습니다. 그러나 스승들은 그들이 이해할 수 있는 언어로 신성을 묘사함으로써 어설프고 서투른 인류 대중을 돕기 위해 계속해서 노력했습니다. 그들의 수준으로 내려감으로써, 그 진리의 일부만이 전달될 수 있습니다. 그러나 대부분의 경우, 무지로 두껍게 덮여 있는 사람들은 이러한 은사(恩師)에도 영향을 받지 못합니다. 왜냐하면 그들의 마음은 생각과 느낌이라는 평소의 세속적인 습관으로 인해 경직되고 완고해졌기 때문입니다.

세상은 대부분 정말 중요한 것들의 가치를 인식하지 못합니다. 그리고 그것을 인식하는 사람들 사이에서도 대부분의 사람은 그것들로부터 어떠한 유익도 얻지 못합니다. 한 이야기를 통해 이것을 설명할 수 있습니다.

하나님의 한 신봉자가 어느 마을에서 숭배에 그의 삶의 많은 부분을 보냈습니다. 수년간의 숭배가 끝난 후, 그의 마음속에는 하나님을 진리로 깨닫고자 하는 새로운 갈망이 생겼습니다. 그는 너무 안절부절못하게 되어 즉시 최고의 경험을 하고 싶었습니다. 어느 날 그는 우연히 그 마을에 새로 막 도착한 현자를 찾아갔습니다. 큰 존경심으로 현자에게 다가가면서, 그 사람은 말했습니다. "저는 순례자로서 이곳저곳을 떠돌았고, 또한 도움과 축복을 받기 위해 많은 현자와 성자들을 방문했습니다. 그러나 저의 한 가지 소원을 충족하는 데에는 전혀 이르지 못했고, 충분히 오래 기다렸습니다. 이제 저는 당신에게서 가능한 한 빛과 도움을 얻기 위해 완전한 항복으로 당신에게 다가갑니다."

그 사람은 자신이 아주 철저하게 그런 광대한 것을 받을 준비가 되어 있지 않다는 것을 알지 못한 채, 자신이 정말로 최고의 영적 체험을 받을 준비가 되어 있다고 믿으면서 진심으로 이렇게 말했습니다.

He did not know what he was asking for. So, in order to bring home to him how he really needed much further preparation, the Sage first took out of his own robe a precious stone which looked like a marble. Then, handing it over to the man, said, "Take this stone; and bring from the market five pounds of vegetables." The devotee, who knew not the real value of the precious stone, took it for ordinary marble. And, in his ignorance, he began to hesitate, thinking that it was no use starting on an endeavor which, in his view, was doomed to fail. However, when the Sage asked him not to bring in his own considerations, but just to proceed about doing what he was asked to do, he decided to try.

When the devotee asked for five pounds of vegetables in exchange for the stone, everyone laughed at him for expecting so much in barter for such an insignificant thing as a piece of marble. One, however, thought that it might be a nice thing for his child to play with, but he offered only four pounds of vegetables. The devotee returned to the Sage with an account of what had happened. But the Sage now asked him to bring, in exchange, five pounds of sweets.

When he went to the market on this new errand, everyone again laughed at him. But there was one who wanted to set a precious stone in his ring; but he could not afford to purchase it from the market of precious stones. Now, though he believed that this stone was only a marble, he thought that he might set it in his ring as a false jewel. So he agreed to purchase it in barter, but offered only four pounds of sweets. The devotee again came back to the Sage and recounted to him what had happened during this second attempt.

The Sage now asked him to fetch from some goldsmith one hundred rupees as the price of the stone. When he went to the market on this third errand, everyone again laughed at him. One goldsmith, however, thought that it might turn out to be a genuine precious stone; but he offered only ninety rupees for it.

그는 자신이 무엇을 요구하고 있는지 몰랐습니다. 그래서 그에게 정말로 얼마나 더 많은 준비가 필요한지 알려주기 위해서, 현자는 먼저 자기 옷에서 대리석처럼 보이는 보석을 꺼냈습니다. 그리고 그것을 그에게 건네며, "이 돌을 가져다가 시장에서 채소 5파운드를 가져오세요."라고 말했습니다. 보석의 진정한 가치를 알지 못한 신봉자는 그것을 평범한 대리석으로 여겼습니다. 그리고 그의 무지 속에서, 그는 자신의 관점에서 볼 때 실패할 수밖에 없는 일을 시작하는 것은 아무 소용이 없다고 생각하면서 망설이기 시작했습니다. 그러나 현자가 그에게 자신의 생각을 개입시키지 말고 그저 시키는 대로 하라고 요청하자, 그는 시도하기로 결심했습니다.

신봉자가 그 돌과 교환하는 대가로 채소 5파운드를 요구했을 때, 사람들은 대리석 조각 같은 하찮은 물건에 대한 물물 교환으로 너무 많이 기대한다고 그를 비웃었습니다. 그러나, 한 사람은 그것이 자신의 아이가 가지고 놀기에 좋은 것일지도 모른다고 생각했습니다. 하지만 그는 4파운드의 채소만을 제안했습니다. 신봉자는 현자에게 돌아와 일어난 일의 전말을 설명했습니다. 그러나 현자는 이제 그에게 다시 사탕 5파운드로 바꿔 오라고 요청했습니다.

그가 새로운 심부름으로 시장에 갔을 때, 사람들은 다시 그를 비웃었습니다. 그러나 자기 반지에 보석을 박기를 원하는 사람이 있었습니다. 그러나 그는 보석 시장에서 그것을 살 여유가 없었습니다. 지금, 그는 이 돌이 단지 대리석일 뿐이라고 믿었지만, 가짜 보석으로 자기 반지에 끼울 수도 있다고 생각했습니다. 그래서 그는 물물 교환으로 그것을 사기로 동의했지만, 4파운드의 사탕만을 제안했습니다. 신봉자는 다시 현자에게 돌아와 이 두 번째 시도 중에 일어난 일을 이야기했습니다.

현자는 이제 그에게 어떤 금세공인에게서 그 돌의 가격으로 100루피를 가져오라고 요구했습니다. 그가 이 세 번째 심부름으로 시장에 갔을 때, 모두가 다시 그를 비웃었습니다. 그러나 한 금세공인은 그것이 진짜 보석으로 판명될 수도 있다고 생각했습니다. 그러나 그는 그것을 위해 단지 90루피만을 제안했습니다.

The devotee was now coming to the end of his patience. In all his three attempts, he had failed. So he requested the Sage to put it back on his own robe since he could never succeed in getting for that stone exactly what the Sage wanted.

The Sage, however, now asked him to try to get one thousand rupees from some jeweler. So he went to a jeweler with that stone. The jeweler immediately recognized it to be a really valuable precious stone and knew that its real price could in no case be less than twenty thousand rupees. He thought that here was the chance of his life to exploit someone who was totally ignorant about the truth of jewels. So, in his uncontrolled greed and desire to exploit to the utmost, he offered only eight hundred rupees, thus losing the real bargain.

Now, the devotee lost all his patience; and throwing away the stone, said to the Sage, "I came to you for realizing the highest Truth and attaining union with God, not for being harassed in fruitless errands. Either give me that for which I aspire or allow me to go back to my own usual duties." The Sage then replied, "You can never attain unity with God unless you have inexhaustible patience. If you cannot stand an ordinary trial like this, there is not the slightest chance of your being able to stand the severe ordeals which a real aspirant of the most High must successfully face. It is best for you to go back to the world. But before you do that, I would like you to gather the meaning of what you have seen during the four attempts you made to dispose of the precious stone."

The Sage then continued, "The dealer who offered four pounds of vegetables is like the multitude who know nothing of that divine immortality which is known as God. They do not even suspect that one day they must possess this invaluable treasure.

신봉자는 이제 인내심의 한계에 다다르고 있었습니다. 그는 세 번의 시도 모두에서 실패했습니다. 그래서 그는 그 돌에 대해 현자가 원하는 대로 받는 데 결코 성공할 수 없었기 때문에, 현자에게 그것을 자기 옷에 다시 넣으라고 요청했습니다.

그러나 현자는 이제 그에게 어떤 보석상에서 천 루피를 받기 위해 노력해 보라고 부탁했습니다. 그래서 그는 그 돌을 가지고 보석상에게 갔습니다. 보석상은 그 돌이 정말 귀중한 보석이라는 것을 즉시 알아차렸고 실제 가격이 2만 루피보다 낮을 수 없다는 것을 알고 있었습니다. 그는 보석의 진실에 대해 완전히 무지한 사람을 이용할 수 있는 일생일대의 기회가 왔다고 생각했습니다. 그래서 자신의 통제할 수 없는 탐욕과 최대한 착취하려는 욕망으로, 그는 단지 800루피만을 제안했고, 따라서 진정한 거래는 이루어지지 못했습니다.

이제 신봉자는 모든 인내심을 잃었습니다. 그리고 돌을 버리면서 현자에게 말했습니다. "저는 결실 없는 심부름으로 괴롭힘을 당하기 위해서가 아니라, 최상의 진리를 깨닫고 하나님과의 합일을 성취하기 위해 당신에게 왔습니다. 제가 갈망하는 것을 주시든지, 아니면 제 일상의 업무로 돌아갈 수 있도록 허락해 주세요." 그러자 현자는 대답했습니다. "지칠 줄 모르는 인내심을 가지지 않는 한, 당신은 결코 하나님과의 합일을 이룰 수 없습니다. 이와 같은 평범한 시련도 견디지 못한다면, 지극히 높으신 분에 대하여 진정한 구도자[진리의 갈망자]가 성공적으로 직면해야 하는 혹독한 시련을 당신이 견뎌 낼 가능성은 조금도 없습니다. 당신은 세상으로 돌아가는 것이 최선입니다. 하지만 그러기 전에, 나는 당신이 네 번에 걸쳐 보석을 처분하려고 시도하는 동안, 당신이 본 것의 의미를 이해했으면 합니다."

그리고 나서 현자는 계속해서 말했습니다. "4파운드의 채소를 제안한 상인은 하나님으로 알려진 신성한 불멸에 대해 아무것도 모르는 일반대중과 같습니다. 그들은 언젠가 이 귀중한 보물을 소유해야 한다는 사실을 의심조차 하지 않습니다.

The dealer in sweets, who offered only four pounds, is like serious-minded or thoughtful persons, who sometime become conscious that their mode of life needs to be changed, but who are content to accept another false thing for the false thing with which they have been fed up. They are not keen about having something real. All that they want is some change, because they are thoroughly dissatisfied with what they have been able to make of life.

The goldsmith, who offered ninety rupees, is like a seeker who knows that there is a higher life and wants to have it, but who does not have sufficient earnestness to make any real effort for it. And the jeweler, who knew the real value of the precious stone but offered only eight hundred rupees, is like an advanced soul who knows the real worth of eternal life, but who wants to have it without giving its real price, which is the surrenderance of separate ego-life. He expects to cheat the Master by offering to do many other things which fall considerably short of his minimum standard."

The Sage then closed as follows, "And you, my dear man, are like those unfortunate ones who refuse to learn from experience. In your successive errands, you had ample opportunity to note that the stone which I had given you was being valued at an increasingly higher rate as you went to more and more thoughtful persons. But you still cling to your initial belief that it had no value. You further had the audacity to throw away a really valuable thing in your desperateness. You need more experience and need to learn from that experience and also from the experience of others. Come to me after sufficient experience."

Those who can appreciate the real worth of the life spiritual are few. But even among these few, most persons continue to be swayed by petty considerations to which they feel constrained owing to dispositional inclinations. They miss the opportunities of assimilating in their own lives the great values which they perceive as being true.

단지 4파운드만 제안한 사탕 판매상은 진지하거나 사려 깊은 사람들과 같으며, 그들은 때때로 자신들의 삶의 방식을 바꿀 필요가 있다는 것을 의식하지만, 이미 싫증이 난 거짓된 것 대신에 또 다른 거짓된 것을 받아들이는 것에 만족합니다. 그들은 실재하는 것을 가지는 것에 대하여 열망하지 않습니다. 그들이 원하는 것은 약간의 변화뿐입니다. 왜냐하면 그들은 삶을 만들 수 있었던 것에 대해 철저히 불만족하기 때문입니다.

90루피를 제안한 금세공인은 더 높은 삶이 있음을 알고 그것을 가지고 싶어 하지만, 그것을 위해 어떤 진정한 노력을 기울일 만큼의 간절함이 없는 구도자와 같습니다. 그리고 보석의 진정한 가치를 알고 있으면서도 800루피만 제안한 보석상은 영원한 삶의 진정한 가치를 알고 있으면서도, 그 진정한 대가인 분리된 에고의 삶을 포기하지 않고 보석을 갖고 싶어 하는 진보된 영혼과 같습니다. 그는 스승의 최소 기준에 상당히 못 미치는 다른 많은 일을 하겠다고 제안함으로써 스승을 속이려고 합니다."

그리고 나서 현자는 다음과 같이 끝맺었습니다. "그리고 나의 소중한 사람인 당신은 경험에서 배우기를 거부하는 불행한 사람들과 같습니다. 연이은 심부름에서, 당신은 내가 주었던 돌이 점점 더 많은 사려 깊은 사람들에게 팔려나가면서 점점 더 높은 가치를 인정받고 있었다는 사실을 주목할 충분한 기회가 있었습니다. 그러나 당신은 여전히 그것이 가치가 없다는 자신의 초기 믿음에 집착했습니다. 당신은 더 나아가 자포자기의 심정으로 정말 귀중한 것을 버리는 무모함을 보였습니다. 당신은 더 많은 경험이 필요하고, 그 경험과 다른 사람들의 경험을 통해 배울 필요가 있습니다. 충분한 경험을 한 후에 나에게 오세요."

영적인 삶의 진정한 가치를 올바르게 인식할 수 있는 사람은 소수에 불과합니다. 그러나 이 소수의 사람조차도 대부분은 기질적 성향으로 인해 자신이 제약받는다고 느끼는 사소한 생각에 계속 휘둘립니다. 그들은 자신을 참된 존재로서 인식하는 위대한 가치들을 자신의 삶에 동화시킬 기회를 놓치고 있습니다.

The most that they do about these values is to talk or write about them for others, or think about them as an entertaining way of filling their idle hours. Value is not value unless it is lived. When a man is merely revolving the idea of value in the mind, this idea is exactly like any other purely intellectual concept—a toy to play with.

The energy which is expended in mere thinking, talking or writing is like the steam which escapes through the whistle of the railway engine. It makes noise and is even interesting, but it cannot drive the engine itself, even to the extent of one inch. No amount of whistling can move the engine onwards. The steam has to be harnessed intelligently and used in order that it may actually take the engine to its destination. That is why the sages have all along insisted on practice rather than theory. This is particularly true of those who want to know and realize God.

이러한 가치에 대해 그들이 하는 대부분의 일은 타인을 위해 그것들에 대해 이야기하고 글을 쓰거나, 아니면 자신들의 한가한 시간을 채우는 재미있는 방법으로 그것들을 생각하는 것입니다. 가치는 실천하지 않는 한 가치가 아닙니다. 사람이 단지 마음속에서 가치에 대한 관념이 맴돌고 있을 때, 이 관념은 어떤 다른 순전히 지적인 개념, 즉 가지고 놀 수 있는 장난감과 같습니다.

단순히 생각하거나 말하거나 글을 쓰는 데 소비되는 에너지는 철도 엔진의 경적 소리를 통해 빠져나가는 증기와 같습니다. 그것은 소리를 내고 심지어 흥미롭기도 하지만, 기관차 자체를 단 1인치조차도 움직일 수는 없습니다. 아무리 경적 소리를 내어도 기관차는 앞으로 움직일 수 없습니다. 증기는 실제로 기관차를 그 목적지까지 데려다 줄 수 있도록 지능적으로 활용되고 사용되어야 합니다. 그것이 바로 현자들이 줄곧 이론보다는 실천을 강조해 온 이유입니다. 이것은 특히 하나님을 알고 깨닫기를 원하는 사람들에게는 더욱 그렇습니다.

The Give-and-Take of Impressions

The give-and-take of sanskaras or impressions is constantly going on in the play of life. Where there is mutuality, there is this give-and-take, but it is not a mechanical process. The same action can create different impressions, according to the motive which inspires that action. A man who, out of the motive of doing good to another person, gives him food or clothes, at once catches his good impressions. The man who slanders another person with an evil motive or steals his belongings at once catches his evil impressions. Killing an animal for sport, pleasure or food means catching all its bad impressions, since the motive is selfish. But no such bad impressions are caught from snakes or germs and the like, which are a danger to humanity, when they are killed out of philanthropic motives and only when absolutely necessary. Such killing, when it is not a duty, will certainly create binding impressions.

Conversation, movies, books, radio, meetings, travels, crowds and so on are various mediums through which there is give-and-take of diverse types of impressions on a stupendous scale. In short, the cycle of impressions is interminable except when the aspirant slowly and patiently takes to the emancipatory, uphill, spiritual path under the guidance of a Truth-realized Master, with his blessings.

The impressions in the ego-minds of all, whether gross, subtle or mental, are largely similar. But their colors are different and of innumerable variety, according to the spiritual position of different individuals. Consciousness gets committed to some illusion or other, owing to these mental impressions, which are ever active in spite of the daily respite of dream and sleep. The gross consciousness of the physical body gets dissolved in the dream-state of the subtle body; and the dream-state, in its turn, gets dissolved in the sleep state of the mental body. But this daily dissolution of illusion is temporary. After some time the impressions again begin to prick and clamor, "Spend us! Spend us!" Thus, latent consciousness is again brought back to its gross illusion.

인상의 주고받음

산스카라 또는 인상의 주고받음은 삶의 유희에서 끊임없이 진행됩니다. 상호 관계가 있는 곳에는 이러한 주고받기가 존재하지만, 기계적인 과정은 아닙니다. 같은 행동이라도 그 행동을 불러일으키는 동기에 따라 다른 인상을 만들 수 있습니다. 타인에게 선善을 행하려는 동기로 그에게 음식이나 옷을 주는 사람은 단번에 그의 좋은 인상을 받습니다. 악惡한 동기로 타인을 비방하거나 그의 소유물을 훔치는 사람은 단번에 그 사람의 악한 인상을 받습니다. 스포츠, 즐거움 또는 음식을 위해 동물을 죽이는 것은 동기가 이기적이기 때문에 모든 나쁜 인상을 받는 것을 의미합니다. 그러나 인류에게 위협이 되는 뱀이나 세균 등을 박애주의적 동기로 그리고 절대적으로 필요한 경우에만 죽일 때, 그것들로부터 그러한 나쁜 인상을 받지 않습니다. 그러한 죽임은 그것이 의무가 아닐 때, 확실히 구속력 있는 인상을 만들어 낼 것입니다.

대화, 영화, 책, 라디오, 회의, 여행, 대중 등은 엄청난 규모로 다양한 유형의 인상을 주고받는 가지각색의 매개체입니다. 요컨대, 구도자가 진리를 깨달은 스승의 축복과 함께, 스승의 인도하에서 천천히 참을성 있게 해방을 위한 힘겨운 영적인 길로 나아갈 때를 제외하고는 인상들의 순환은 끝이 없습니다.

물질적이든, 기氣적이든, 정신적이든 모든 사람의 에고의 마음에 있는 인상들은 대체로 비슷합니다. 그러나 그것들의 색깔은 각기 다른 개인의 영적 위치에 따라 다르고 무수히 다양합니다. 의식은 꿈과 잠의 일상적인 휴식에도 불구하고, 항상 활동하는 이러한 정신적인 인상들로 인해 어떤 환상이나 다른 것에 전념하게 됩니다. 육체의 물질적인 의식은 기氣적인 몸의 꿈 상태에 녹아들고, 기氣적인 꿈 상태는 다시 정신적인 몸의 수면 상태에 녹아들게 됩니다. 그러나 이러한 매일 일어나는 환상의 해체는 일시적입니다. 얼마 후 인상들은 다시 찌르고 아우성치기 시작합니다. "우리를 소비하세요! 우리를 소비하세요!" 따라서, 잠복해 있는 의식은 다시 그 물질적인 환상으로 돌아갑니다.

If the whole world were to go to sleep, it would be the great dissolution of the entire world. All the individuals would recede into their mental bodies and be absorbed in utter oblivion for some time until they re-enter the panorama of the threefold world in a new cycle of existence. The impressions of the unrealized individuals remain exactly the same even during this universal dissolution, which takes place by the Divine Will. In the new cycle they take up their evolution where they had left it. Universal dissolution is not without some purpose. The usual theories of evolution advanced by scientists are based only upon intellectual data. They never do justice to God's hand in the game.

When the world is put to sleep with all its current ideas, theories, beliefs, ideals and models of individual and collective life, it is easier for the world to change its direction of search and fulfillment in the next cycle of creation. It has to start where it left off, but it can reorient itself in a new direction from the place where things had previously stopped. This means that in the new cycle of existence, the ideas, theories, beliefs and ideals and modes of individual and collective life begin to develop entirely on new lines, according to what has been planned by the Truth-realized Masters. The old modes disappear, yielding place to new ones. The Masters plan not only for humanity in general, but also for the new Circle-to-be,* for which the seeds are sown hundreds of years before the time when they actually manifest themselves.

The physical body is nothing but the gross form of impressions. The mental impression in the mind of the male parent first takes a subtle form, which then is released in the gross form of mating. The mass of sanskaras of impressions thus released ultimately reach the mind of the female parent; and it is from the mind of the female parent that the process of physical incarnation starts. The soul, which is awaiting reincarnation in the gross body, can descend only if, during the process of sanskaric or impressional exchange between the male and the female, their minds have come as near to stopping as possible.

---

* See discourse on The Circle, Awakener, Vol. 3, No. 1

만약 온 세상이 잠들게 된다면, 그것은 온 세상이 완전히 해체되는 것입니다. 모든 개인은 자신의 정신적인 몸으로 물러나서, 자신들이 새로운 존재 주기에서 세 가지 세계[물질계, 기운계, 정신계]의 파노라마로 다시 들어갈 때까지 얼마 동안 완전한 망각에 흡수될 것입니다. 실현되지 않은 개인들의 인상은 신성한 의지에 의해 일어나는 이 우주적 해체 과정 중에도 정확히 그대로 남아 있습니다. 새로운 주기에서 그들은 자신들이 떠났던 지점에서 그들의 진화를 이어갑니다. 우주적인 해체에는 어떤 목적이 없는 것은 아닙니다. 과학자들이 발전시킨 일반적인 진화의 이론들은 지적인 데이터에만 근거합니다. 그들은 게임에서 결코 하나님의 섭리를 제대로 다루지 못합니다.

세상이 현재의 모든 생각, 이론, 신념, 이상, 개인 및 집단생활의 모델과 함께 잠들면, 다음 창조 주기에서 세상은 추구와 성취의 방향을 바꾸기가 더 쉬워집니다. 그것은 일이 중단된 곳에서 시작해야 하지만, 이전에 일이 멈춘 곳에서 새로운 지점으로 방향을 바꿀 수 있습니다. 이것은 존재의 새로운 주기에서, 진리를 깨달은 스승들이 계획한 것에 따라 생각, 이론, 신념 및 이상 그리고 개인과 집단생활 방식이 완전히 새로운 노선으로 발전하기 시작한다는 것을 의미합니다. 오래된 방식들은 사라지고, 새로운 방식이 그 자리를 차지합니다. 스승들은 일반적으로 인류뿐만 아니라, 또한 새로운 서클이 될* 인류에 대해서도 계획하고 있으며, 그 씨앗은 실제로 나타나기 수백 년 전에 뿌려집니다.

육체는 인상의 물질적인 형태에 지나지 않습니다. 남성 부모의 마음에 있는 정신적 인상들은 먼저 기(氣)적인 형태를 취하고, 그다음에 짝짓기라는 물질적인 형태로 방출됩니다. 이렇게 방출된 인상들인 산스카라의 덩어리는 궁극적으로 여성 부모의 마음에 도달합니다. 여성 부모의 마음에서 육체적 화신의 과정이 시작됩니다. 육체에서 환생을 기다리고 있는 영혼은 남성과 여성 사이의 산스카라적 또는 인상적 교환 과정에서 그들의 마음이 가능한 한 멈추기 직전까지 왔을 때만 내려올 수 있습니다.

---

* 각성자, 3장 서클편 1번에 있는 담론을 참조하세요.

The physical body is produced by the working of many impressions and is the result of their very embodiment. It is therefore no wonder that it has a tendency to bind the soul which inhabits it. Love for the physical body is only a form of deep ignorance. Swine take delight in refuse—and so do the ignorant ones take delight in the body.

From the spiritual point of view, there is nothing more pitiable than slavish submission to the desires and demands of the physical body. Because of its incessant claims on the attention of the mind, the physical body often becomes a hindrance to real life; it is like a cage to the soul. But the soul cannot find its real freedom by putting an end to the physical body. The physical body itself has to be intelligently used and made to subserve spiritual ends. What is the use of a body which resists the dictates of the mind? It is no use clinging to the comforts of the body, which one day must be given up. It is only an instrument, and one should make the maximum use of it.

Impressions are contagious. Eating meat is prohibited in many spiritual disciplines because the person thereby catches the impressions of the animal, thus rendering himself more susceptible to lust and anger. Sometimes, innumerable strong impressions are transmitted through the mere touch of the physical body of another person. A gross body, even a corpse, can quickly impart numberless impressions to the person who touches it.

Sex contact outside wedlock is the worst form of exposure to heavy and binding impressions of lust. In wedlock, the impressions exchanged are much lighter and less binding. But just as bad and binding impressions can be caught from others, good and emancipatory impressions can also be caught from others. Food or edibles prepared or given by others bring their sanskaras with them. The prasad—some sweet, fruit or drink given as a vehicle of grace by saints and Masters—gives spiritual and emancipatory impressions to the recipient.

육체는 많은 인상의 작용에 의해 생성되며 바로 그 인상이 구현된 결과입니다. 그러므로 육체가 그 안에 깃든 영혼을 묶는 경향이 있다는 것은 놀라운 일이 아닙니다. 육체에 대한 사랑은 깊은 무지의 한 형태일 뿐입니다. 돼지는 음식 찌꺼기를 즐깁니다. 마찬가지로 무지한 사람들은 몸을 즐깁니다.

영적인 관점에서 보면, 육신의 욕망과 요구에 노예처럼 굴복하는 것보다 더 불쌍한 것은 없습니다. 육체는 마음의 관심을 끊임없이 요구하기 때문에, 종종 실제 생활에 방해가 되고, 그것은 영혼을 가두는 새장과 같습니다. 그러나 영혼은 육체를 종식시켜서는 진정한 자유를 찾을 수 없습니다. 육체 그 자체는 영적인 목적에 도움이 되도록 현명하게 사용되어야 하며 만들어져야 합니다. 마음의 명령에 저항하는 몸이 무슨 소용이 있겠습니까? 언젠가는 포기해야 할 몸의 안락함에 집착하는 것은 아무 소용이 없습니다. 몸은 하나의 도구일 뿐이며, 사람들은 몸을 최대한 활용해야 합니다.

인상은 전염성이 있습니다. 육식은 많은 영적 훈련에서 금지되어 있는데, 그 이유는 사람이 동물의 인상을 받아 자신을 욕정과 분노에 더 민감하게 만들기 때문입니다. 때로는 타인의 몸을 단순히 만지는 것만으로도 무수히 많은 강한 인상이 전달됩니다. 물질적인 몸, 심지어 시체조차도 그것을 만지는 사람에게 무수한 인상을 빠르게 전달할 수 있습니다.

혼외 성관계는 무겁고 구속력 있는 욕정의 인상에 노출되는 최악의 형태입니다. 결혼 생활에서 주고받는 인상은 훨씬 더 가볍고 구속력이 적습니다. 그러나 나쁘고 구속력 있는 인상들을 타인으로부터 받을 수 있는 것처럼, 선하고 해방에 도움이 되는 인상들도 타인으로부터 받을 수 있습니다. 타인이 마련했거나 제공한 음식 및 먹거리는 그것들과 함께 그들의 산스카라를 가져옵니다. 프라사드(성자 및 스승들이 은총의 수단으로 주는 사탕, 과일 또는 음료)는 받는 사람에게 영적이고 해방에 도움이 되는 인상을 줍니다.

The custom of touching the feet of the Master with the head is based upon the fact that the spiritual and emancipatory impressions from the Master thereby go to the very mind-heart of the recipient in a fraction of a second.

The Truth-realized Master transmits dynamic impressions of faith and love for God through appropriate spiritual experience. Faith of any kind is, in a way, ultimately based upon intellect. There can be no faith without some form of intellectual conviction, which again is founded on experience. Many people say that they believe in God or that they have faith in Him; but though they say this out of conventional fear of God, what they say is far from being true. If they really believed in God, their actions would be different from what they are. They fear God as something unknown, a power which they have been taught to respect and obey through tradition and mythology. They fear Him as one who is supposed to give due rewards to the virtuous and punishments to the wicked. But neither their fear nor their beliefs are deep-rooted or sincere.

If their belief in God were sincere, they would earnestly start to find out what God is. They would want to have God and realize Him; and all their actions would be entirely different. If they were really to take God seriously and want to know what He is, their very first glimpse of divinity would disarm them of all their unjustified fear. It would reveal to them that God is Love and that His plan for all, including themselves, is to raise them to the highest pinnacle of perfection and bliss, of which the earthly pleasures and even the happiness and joys of the subtle and mental worlds are but poor, faint shadows.

The very first descent of divinity into the heart awakens love for God. When love for God comes, fear of God disappears.

머리를 스승의 발등에 대는 관습은 그렇게 함으로써 스승으로부터 영적이고 해방에 도움이 되는 인상이 받는 사람의 바로 그 마음과 가슴에 순식간에 전달된다는 사실에 근거합니다.

진리를 깨달은 스승은 적절한 영적 체험을 통해 하나님에 대한 믿음과 사랑의 역동적인 인상을 전달합니다. 어떤 종류의 믿음이든 궁극적으로는 어느 정도 지성에 기초합니다. 어떤 형태의 지적인 확신 없이는 믿음이 있을 수 없으며, 그것은 다시 경험에 기초합니다. 많은 사람이 하나님을 믿는다거나 하나님에 대한 믿음을 가지고 있다고 말합니다; 그러나 그들이 하나님에 대한 관습적인 두려움에서 이렇게 말하지만, 그들이 말하는 것은 사실과 거리가 멉니다. 그들이 정말로 하나님을 믿는다면, 그들의 행동은 그들의 현재 모습과는 다를 것입니다. 그들은 하나님을 전통과 신화를 통해 존경하고 순종하도록 배워 온 미지의 힘으로서 두려워합니다. 그들은 덕德이 있는 자에게는 합당한 보상을 주고, 사악한 자에게는 형벌을 주는 존재로서 하나님을 두려워합니다. 그러나 그들의 두려움이나 믿음은 뿌리가 깊지도 않고, 진실하지도 않습니다.

하나님에 대한 그들의 믿음이 진실하다면, 그들은 하나님이 어떤 분인지 진지하게 찾기 시작할 것입니다. 그들은 하나님을 갖고 싶어 하고, 그분을 깨닫고 싶어 할 것이며, 그들의 모든 행동은 완전히 달라질 것입니다. 그들이 정말로 하나님을 진지하게 받아들이고 그분이 어떤 분인지 알고자 한다면, 신성을 처음으로 엿보는 순간 그들의 모든 근거 없는 두려움은 사라질 것입니다. 그것은 그들에게 하나님은 사랑이며, 그들 자신을 포함하여 모두를 위한 그분의 계획은 그들을 완전함과 지복의 가장 높은 정점으로 들어 올리는 것임을 알려 줄 것이고, 세속적 쾌락과 심지어 기氣적이고 정신적인 세계의 행복과 기쁨조차도 사랑의 보잘것없고 희미한 그림자에 불과하다는 것을 드러낼 것입니다.

신성이 가슴속으로 맨 처음 내려오게 되면 하나님에 대한 사랑이 일깨워집니다. 하나님에 대한 사랑이 오면, 하나님에 대한 두려움은 사라집니다.

Love for God removes all fear and prepares the aspirant to be lost in Him. The intensity of their love unites the aspirants with God. They thus eventually get the supreme "I am God" state. Those who persist until the end get there. Those who get there are, however, very few; though many, without getting there, feel tempted to claim that they are God. To be an honest atheist is no fraud. But to claim that one is God before attaining real unity with Him is definitely fraud.

There are two types who do not have any use for religion: the materialist, and the one who is Self-realized. There are two who are indifferent to money: the brute and the one who is Self-realized. There are two who are free from lust: the child and the one who has attained Truth. Though the Truth-realized person is, in the above respects, like the materialist, the brute, and the child, he stands completely apart from all these. He has attained unity with the infinite existence of God, while the others have not.

The Master enjoys the Madhur Bhava at will—that is, the sweet mood of Love, where duality is illumined by the realization of the immensity of the One in the duality.

Or he enjoys the Maha Bhava, or the vast consciousness of unlimited Oneness, which has no room at all for any apprehension of manyness. Maha Bhava, or the vast consciousness of unlimited Oneness, is much rarer than Madhur Bhava. But the Master can enjoy it even when he is engaged in acts like eating, talking and so on. Madhur Bhava can be communicated by imparting suitable spiritual impressions to the disciple. But Maha Bhava, which is essentially beyond all impressions, is incommunicable. In the ripeness of time, it dawns from within.

하나님에 대한 사랑은 모든 두려움을 없애고, 구도자가 그분 안에서 자신을 잊을 수 있도록 준비시킵니다. 그들 사랑의 강렬함은 구도자를 하나님과 하나가 되게 합니다. 따라서 그들은 결국 "나는 하나님이다."라는 최고의 상태에 도달합니다. 끝까지 버티는 사람들이 거기에 도달합니다. 그러나 거기에 도달하는 사람은 극소수이며, 많은 사람이 거기에 도달하지 못하더라도, 자신이 하나님이라고 주장하고 싶은 유혹을 느낍니다. 정직한 무신론자가 되는 것은 사기가 아닙니다. 그러나 하나님과 진정한 합일을 이루기 전에 자신이 하나님이라고 주장하는 것은 분명히 사기입니다.

종교를 전혀 필요로 하지 않는 두 유형이 있습니다: 유물론자와 참나를 깨달은 사람입니다. 재물에 무관심한 두 유형이 있습니다: 짐승과 참나를 깨달은 사람입니다. 욕정에서 자유로운 두 유형이 있습니다: 어린아이와 진리를 성취한 사람입니다. 진리를 깨달은 사람은 위의 측면들에서 유물론자, 짐승, 어린아이와 같지만, 이 모든 것들로부터 완전히 떨어져 있습니다. 그는 하나님의 무한한 존재와의 합일을 성취한 것에 반해, 다른 사람은 그렇지 않습니다.

스승은 마음대로 마두르 브하바를 누립니다. 즉, 사랑의 달콤한 분위기를 즐기는데, 여기에서 이원성은 이원성 안에 있는 하나에 대한 광대함의 깨달음에 의해 비춰집니다.

또는 그는 마하 브하바, 즉 무한한 단일성[하나됨]의 광대한 의식을 누리는데, 이 의식에는 다수성에 대한 어떤 염려도 가질 여지가 전혀 없습니다. 마하 브하바, 즉 무한한 단일성의 광대한 의식은 마두르 브하바보다 훨씬 더 드뭅니다. 그러나 스승은 그가 먹고 말하는 등의 행위를 할 때도 그것을 누릴 수 있습니다. 마두르 브하바는 제자에게 적절한 영적 인상을 줌으로써 전달될 수 있습니다. 그러나 본질적으로 모든 인상을 초월하는 마하 브하바는 전달할 수 없습니다. 시간의 무르익음 속에서 그것은 내면으로부터 밝아 옵니다.

Miracles

The powers which the yogis use are based upon an energy which is comparable to electricity, though it is different from and much more powerful than electricity, which is under the control of scientists. However, for the purposes of intellectual explanation, we might look upon that energy as a sort of 'electricity', which is in the third layer of the world and is inexhaustible. By means of breath control and other practices, the yogis combine this inexhaustible source of cosmic energy or 'electricity' with the energy or 'electricity' in the third layer of their own body. And this combination enables them to perform many miracles.

After combining the two stores of energy or 'electricity', the yogis have merely to think to obtain the desired result. Any desire which they bring into their mind finds its immediate fulfillment. They can read the past and the future. They can read the minds of others. They can see or hear happenings from any distance, e.g. they can see from America what one is doing in India. They can split up stones into pieces. They can even raise the dead. As compared with the limited powers of human beings, these powers are indeed very great. But they have nothing to do with the Truth or with true spirituality. The Truth is far beyond the exercise of such powers.

기적

    요기[요가 수행자]들이 사용하는 힘은 전기와 비슷한 에너지를 기반으로 하지만, 과학자들이 통제하는 전기와는 다르며 훨씬 더 강력합니다. 그러나, 지적 설명의 목적을 위해 우리는 그 에너지를 일종의 '전기'로 간주할 수 있고, 그것은 세계의 세 번째 층[멘탈계]에 있으며 고갈되지 않습니다. 요기들은 호흡 조절 및 기타 수행을 통해 이 우주 에너지 또는 '전기'의 고갈되지 않는 원천을 자기 몸의 세 번째 층[멘탈체]에 있는 에너지 또는 '전기'와 결합합니다. 그리고 이 조합은 그들이 많은 기적을 행할 수 있게 합니다.

    에너지 또는 '전기'의 두 저장소를 결합한 후, 요기들은 원하는 결과를 얻기 위해 생각하기만 하면 됩니다. 그들이 마음속에 가져오는 모든 욕망은 즉각적인 성취를 이룹니다. 그들은 과거와 미래를 읽을 수 있습니다. 그들은 다른 사람들의 마음을 읽을 수 있습니다. 그들은 어떤 거리에서든 일어나는 일들을 보거나 들을 수 있습니다. 예를 들어, 인도에서 일어나는 일을 미국에서도 볼 수 있습니다. 그들은 돌을 조각조각 나눌 수 있습니다. 심지어 죽은 사람도 살릴 수 있습니다. 인간의 제한된 능력과 비교할 때, 이러한 능력은 실로 아주 대단합니다. 그러나 그것들은 진리나 참된 영성과는 아무런 관련이 없습니다. 진리는 그러한 능력의 행사를 훨씬 뛰어넘습니다.

The yogi can make things appear entirely different to you from what they really are. It is like putting colored glasses on your eyes, so that a thing which in fact is white, appears to you to have the color of the glasses you are wearing. There can be no spiritual advantage in being shown a white thing as colored. The colored as well as the original white thing are both false. They are both parts of a waking dream. A Perfect Master would never bother to exchange one illusion for another. He would on the contrary show the illusory nature of the entire world and would exhibit the Truth in its bareness and unqualified simplicity.

In the same way, a juggler or a magician may, before your eyes, convert a cardboard into a bottle. But what does it avail you to see the transformation, since the cardboard as well as the bottle are both false? It may appear anyway and anything to the eye; but it is false. It cannot reveal to you the unchangeable Truth. Such miracles may serve the purpose of attracting the multitude and winning the admiration of the world; but the Perfect Master is not interested in any of these things. He is interested in making you realize that everything except God is just illusion; and this knowledge cannot be given by any yogic powers.

Suppose a man wants to know what is happening in a distant city. He will have to go there personally, if necessary even on foot, to find out for himself. The yogi is able to get there in his higher body in no time and find out what is happening there. But he has to go there. This is like a person who would go to the spot in a motor car much more quickly than a person who goes there on feet. The difference between the one in a car and the one on foot is only of degree. Both have to go, and both take what they see to be real. But they have not found the Reality. They have looked upon their waking dream as giving them substance. What they all 'find' after going to the distant city is only a part of the Great Illusion.

요기는 여러분에게 사물이 실제 모습과 완전히 다르게 보이도록 만들 수 있습니다. 그것은 마치 눈에 색안경을 씌우는 것과 같아서, 실제로는 흰색인 사물이 여러분이 쓰고 있는 안경의 색을 가지고 있는 것처럼 보이게 하는 것과 같습니다. 하얀 것을 색상으로 보여주는 것은 영적인 유익이 될 수 없습니다. 원래 흰색의 사물뿐만 아니라 색상이 있는 것도 모두 거짓입니다. 그것들은 둘 다 깨어 있는 꿈의 일부입니다. 완전한 스승은 결코 하나의 환상을 다른 환상으로 바꾸려고 애쓰지 않을 것입니다. 반대로 그는 전체 세계의 환상적 본질을 보여주고, 꾸밈없음[있는 그대로]과 조건 없는 단순함 속에서 진리를 드러낼 것입니다.

같은 방식으로, 저글러[사기꾼]나 마술사는 여러분의 눈앞에서 골판지를 병으로 바꿀 수 있습니다. 그러나 병뿐만 아니라 골판지가 둘 다 가짜이기 때문에, 변환을 보는 것이 무슨 소용이 있을까요? 어쨌든 눈에는 무엇이든 보일 수 있지만 그것은 거짓입니다. 그것은 여러분에게 불변의 진리를 드러낼 수 없습니다. 그러한 기적은 대중의 관심을 끌고 세상의 찬사를 받는 데는 도움이 될지 모르지만, 완전한 스승은 이러한 것에는 아무 관심이 없습니다. 그는 여러분이 하나님을 제외한 모든 것이 단지 환상이라는 것을 깨닫게 하는 데 관심이 있으며, 이러한 지식은 어떤 요기의 힘으로도 주어질 수 없습니다.

한 남자가 먼 도시에서 무슨 일이 일어나고 있는지 알고 싶어 한다고 가정해 보겠습니다. 그는 혼자 힘으로 알아내기 위해서, 필요하다면 걸어서라도 직접 그곳에 가야 할 것입니다. 요기는 즉시 자신의 상위 몸을 타고 그곳에 도착하여, 그곳에서 무슨 일이 일어나고 있는지 알아낼 수 있습니다. 하지만 그는 그곳에 가야 합니다. 이것은 걸어서 가는 사람보다 자동차로 훨씬 더 빨리 가는 사람과 같습니다. 차를 타고 가는 사람과 걸어서 가는 사람의 차이는 정도의 차이일 뿐입니다. 둘 다 가야 하고, 둘 다 그들이 보는 것을 진짜라고 받아들입니다. 그러나 그들은 실재를 찾지 못했습니다. 그들은 자신의 깨어 있는 꿈을 그들에게 실체를 제공하는 것으로 여겼습니다. 그들이 먼 도시에 가서 '발견한' 모든 것은 대환상(The Great Illusion)의 일부일 뿐입니다.

The Perfect Master is concerned only with taking the mind away from the Great Illusion by means of which the multitudinous things of this world appear to exist, though in fact, what really exists is only the invisible Reality known as Self or God.

The powers of the yogis, great as they are, are nothing compared with the infinite powers which one gets upon union with God. God may be compared to the Sun. The yogis are nearer to this Sun than ordinary persons and they can therefore attract to themselves some rays of this Sun.

These rays become their diverse occult powers. But in order to use these powers, the yogis have to manipulate these rays and make efforts; the miracles of the yogis are wrought laboriously. But the miracles performed by the Perfect Master involve no such effort—the Perfect Master is one with the Sun itself and all his miracles are effortless. The Perfect Master has the authority to use the Infinite Power of God with whom he has established union. But he rarely uses his power. When he does use it, it is only for the spiritual purpose of leading the bound souls to God or Truth.

The Perfect Master can not only show you what God is, but he can also lead you to the Goal of attaining complete Union with Him. But this does not mean that the seeker should, time and again, pester the Master with his pressing demand, "Show God to me!" The desire to see God and realize Him is all right. But to imagine that God can be shown or seen like some object in the cinema is to falsify the real search. You cannot see God without rising to the necessary mental state. The nothingness and emptiness of the gross world has to be thoroughly realized before one can get a glimpse into the nature of God. There is absolutely no use in putting the cart before the horse. The immediate objective of the aspirant should be to struggle with those psychic limitations which bind him to the false. God will automatically make His appearance when the blinders—which man has fastened upon his own mind—are removed.

완전한 스승은 이 세상의 수많은 것들이 존재하는 것처럼 보이는 대환상으로부터 마음을 떼어 내는 데에만 관심이 있지만, 사실 실제로 존재하는 것은 오직 참나 또는 하나님으로서 알려진 보이지 않는 실재뿐입니다.

요기들의 힘은 있는 그대로 위대하지만, 하나님과의 합일에서 얻는 무한한 힘에 비하면 아무것도 아닙니다. 하나님은 태양에 비유될 수 있습니다. 요기들은 보통 사람들보다 이 태양에 더 가깝고, 따라서 그들은 이 태양의 일부 광선을 자신에게로 끌어당길 수 있습니다.

이 광선은 그들의 다양한 초자연적인 힘이 됩니다. 그러나 이 힘들을 사용하기 위해서 요기들은 이 광선을 다루어야 하고 노력해야 합니다. 요기들의 기적은 힘들게 이루어집니다. 그러나 완전한 스승에 의해 행해지는 기적은 그러한 노력이 필요하지 않습니다. 완전한 스승은 태양 그 자체와 하나이며, 그의 모든 기적은 노력이 필요하지 않습니다. 완전한 스승은 그가 합일을 확립한 하나님의 무한한 힘을 사용할 권한이 있습니다. 그러나 그는 자신의 힘을 거의 사용하지 않습니다. 그가 그것을 사용할 때는 오로지 얽매여 있는 영혼들을 하나님 또는 진리로 인도하는 영적 목적만을 위해서입니다.

완전한 스승은 여러분에게 하나님의 존재가 무엇인지 보여 줄 수 있을 뿐 아니라, 또한 하나님과의 완전한 합일을 이루는 목표로 여러분을 인도할 수 있습니다. 그러나 이것은 구도자가 "나에게 하나님을 보여 주세요!"라는 자신의 절박한 요구로 계속해서 스승을 성가시게 해야 한다는 의미는 아닙니다. 하나님을 보고 그분을 깨닫고자 하는 욕망은 괜찮습니다. 그러나 하나님이 영화 속의 어떤 물체처럼 보여지거나 이해될 수 있다고 상상하는 것은 진정한 탐구를 위조하는 것입니다. 필요한 정신적 상태에 이르지 않고는 하나님을 볼 수 없습니다. 하나님의 본질을 엿볼 수 있으려면 먼저 이 세상의 공성空性과 덧없음[공허, 텅 빔]을 철저히 깨달아야 합니다. 말 앞에 수레를 두는 것은 아무 소용이 없습니다. 구도자의 즉각적인 목표는 그를 거짓에 묶어 두는 그러한 심령적 한계들과 투쟁하는 것이어야 합니다. 인간이 자신의 마음에 단단히 고정시킨 눈가리개가 제거되면, 하나님은 자동으로 그분의 모습을 드러낼 것입니다.

In fact, God is not very far at all from the seeker. Nor is it really very difficult to see Him. He is like the Sun, which is always shining right above your own head. But you yourself have held on your head the umbrella of your variegated mental impressions, which hide Him from your view. You have only to remove the umbrella, and the Sun is already there for you to see. He doesn't have to be brought from anywhere. But such a tiny and trivial thing like an umbrella can deprive you of the sight of such a stupendous fact at the Sun. Impressions are like this umbrella. Though they might seem to be insignificant in themselves, they create a curtain between you and God. The Perfect Master helps you to remove these impressions; and when this curtain is removed, you are face to face with God as Truth.

It is never possible to give a purely intellectual proof for the existence of God. Any arguments which appeal merely to the intellect will have a tendency to induce belief in God. But they can never be absolutely convincing. How can that which is really above the intellect be brought within the domain of the intellect? To ask for a purely intellectual proof for the existence of God is like asking for the privilege of being able to see with the ears. Ears can only hear. They cannot see. In order to be able to see, you have to make use of your eyes. If you close your eyes tightly and clamor that your ears may be given the sight of things, how can anyone help you in the fulfillment of such an absurd demand? And yet, it is this very absurdity in which the so-called 'educated' get trapped. They want an intellectual proof for God as if God could be known through the use of bare intellect, howsoever keen.

The fact is that these intellectuals are not at all interested in God. They are only keen about argument and their own vanity. If they really wanted to know God, they would pay the price for that knowledge. They would forthwith renounce the things that prevent them from seeing God. They would begin by being humble and selfless and loving. And they would start attaining complete purity of heart. This will lead them on to God more surely than any amount of barren argumentation.

사실 하나님은 구도자에게서 그리 멀리 떨어져 있지 않습니다. 그분을 보는 것도 실은 그리 어렵지 않습니다. 그분은 여러분의 머리 바로 위에서 항상 빛나고 있는 태양과 같습니다. 그러나 여러분 자신은 여러분의 시야에서 그분을 가리는 자신의 다양한 정신적 인상의 우산을 머리 위에 들고 있습니다. 우산만 치우면 태양은 이미 여러분이 볼 수 있도록 거기에 있습니다. 그분을 어디에서 데려올 필요가 없습니다. 그러나 우산과 같은 그런 작고 사소한 것이 태양에서의 그러한 놀라운 사실을 보지 못하게 할 수 있습니다. 인상은 이 우산과 같습니다. 그것은 그 자체로 하찮아 보일지 모르지만, 여러분과 하나님 사이에 장막을 만듭니다. 완전한 스승은 여러분이 이러한 인상을 제거하도록 돕습니다. 그리고 이 장막이 제거될 때, 여러분은 진리로서의 하나님과 대면하게 됩니다.

하나님의 존재에 대해 순전히 지적인 증거를 제시하는 것은 결코 불가능합니다. 단순히 지성에 호소하는 어떤 주장은 하나님에 대한 믿음을 유도하는 경향이 있을 것입니다. 그러나 그것들은 전혀 설득력이 있을 수 없습니다. 실제로 지성을 초월한 것을 어떻게 지성의 영역 안으로 끌어들일 수 있겠습니까? 하나님의 존재에 대한 순전히 지적인 증거를 요구하는 것은 귀로 볼 수 있는 특권을 요구하는 것과 같습니다. 귀는 들을 수만 있습니다. 볼 수는 없습니다. 볼 수 있기 위해서는 눈을 사용해야 합니다. 만약 여러분이 눈을 꼭 감고 귀로 사물을 볼 수 있게 해 달라고 외친다면, 그런 터무니없는 요구를 들어줄 사람이 누가 있겠습니까? 그런데도 불구하고 소위 '교육받은' 사람들이 갇히게 되는 것이 바로 이러한 터무니없는 일입니다. 그들은 제아무리 예리하더라도 마치 지성만으로 하나님을 알 수 있는 것처럼 하나님에 대한 지적인 증거를 원합니다.

사실 이러한 지식인들은 하나님에 대해 전혀 관심이 없습니다. 그들은 논쟁과 자신의 허영심에만 열중합니다. 그들이 진정으로 하나님을 알고 싶다면, 그 지식에 대한 대가를 치를 것입니다. 그들은 하나님을 보지 못하게 막는 것들을 당장 버릴 것입니다. 그들은 겸손하고 사심 없고 사랑하는 것으로 시작할 것입니다. 그리고 그들은 가슴의 완전한 순수성을 성취하기 시작할 것입니다. 이것은 많은 양의 결실 없는 논쟁보다 더 확실하게 그들을 하나님께로 인도할 것입니다.

People are not willing to part with their worldly attachments even for the sake of seeing God. They would risk their very lives and even die a brave death for securing the objects of their attachment. But they find it difficult to fast even for two days for the sake of spiritual advancement. This shows the firm grip which ignorance has on them. God will surely reveal Himself to those who are willing to welcome suffering for His sake. They have to be staunch in their determination. God will certainly come to those who have the courage to burn up all desires. Worldly attachments and entanglements may be carried on forever without leading you anywhere. Therefore, it is incumbent upon the seeker to be aloof from the allurements of this world. That is why the Masters of all times have, like Jesus, called: "Sell all and follow me."

When anyone wants an intellectual proof of God, what is sometimes desired is the performance of some miracle, giving a rude shock to the complacency of the ordinary man who is immersed in the world and treats it as the ultimate and unchallengeable reality.

But God is not to be confused with the supernatural world or its happenings. What miracles can prove is that there is something beyond the things in which the man of the world is fully engrossed. But they cannot bring him the vision of God. From unreality he moves on to another unreality only to be caught up again in the next illusion. And he will be nowhere nearer the Truth. The Perfect Masters have always treated the demand for miracles with disdain. They know the real goal of life and they are bent upon taking the world to that goal, instead of catering to the idle curiosity of the worldly minded. They wish to enlighten humanity, not to astound it or stupefy it. If and when they perform miracles, it is always for leading men on the spiritual Path. It is never for self-display. The only miracle which for them is really worth doing is the miracle of making man realize that he actually is the Truth.

사람들은 하나님을 보기 위해서조차도 세속적인 집착을 기꺼이 버리려고 하지 않습니다. 그들은 집착의 대상을 지키기 위해 목숨을 걸고, 심지어 용감하게 죽기도 합니다. 그러나 그들은 영적 발전을 위해 이틀 동안도 금식하는 것조차 어렵다고 생각합니다. 이것은 무지가 그들을 얼마나 굳게 붙들고 있는지를 보여줍니다. 하나님은 자신을 위해 고통을 기꺼이 받아들이는 사람들에게 반드시 자신을 드러내실 것입니다. 그들은 결심이 확고해야 합니다. 모든 욕망을 불태울 용기가 있는 사람들에게 하나님은 반드시 오실 것입니다. 세속적인 애착과 얽매임은 여러분을 어디로도 인도하지 못하고 영원히 지속될 수 있습니다. 그러므로 구도자는 이 세상의 유혹으로부터 초연해야 할 의무가 있습니다. 그래서 모든 시대의 스승들은 예수처럼 "모두 정리하고 나를 따르라."라고 외쳤습니다.

누군가가 하나님에 대한 지적인 증거를 원할 때, 때때로 바라는 것은 어떤 기적을 행하는 것인데, 이는 세상에 몰입하여 그것을 궁극적이고 도전할 수 없는 실재로서 취급하는 보통 사람의 안일함[자기만족]에 예상치 못한 충격을 줍니다.

그러나 하나님을 초자연적인 세계나 그 일들과 혼동해서는 안 됩니다. 기적이 증명할 수 있는 것은 세상 사람이 완전히 몰두하는 것 너머에 무언가가 있다는 점입니다. 그러나 그것들은 그에게 하나님의 비전을 가져올 수 없습니다. 그는 실재하지 않는 것에서 또 다른 비실재로 넘어가 다음 환상에 다시 사로잡힐 뿐입니다. 그리고 그는 진리에 더 가까운 근처로도 가지 못할 것입니다. 완전한 스승은 항상 기적에 대한 요구를 경멸했습니다. 그들은 삶의 진정한 목표를 알고 있으며, 세속적인 마음을 가진 사람들의 헛된 호기심을 충족시키는 대신, 그 목표를 향해 세상을 이끌어가는 데 열중합니다. 그들은 인류를 경악하게 하거나 당황하게 하려는 것이 아니라, 인류를 교화하기를 원합니다. 그들이 혹시라도 기적을 행한다면, 그것은 항상 사람들을 영적인 길로 인도하기 위함입니다. 그것은 결코 자기 과시를 위한 것이 아닙니다. 그들에게 정말로 행할 가치가 있는 유일한 기적은 인간에게 자신이 실제로 진리라는 사실을 깨닫게 하는 기적입니다.

Reclaiming Lost Wayfarers

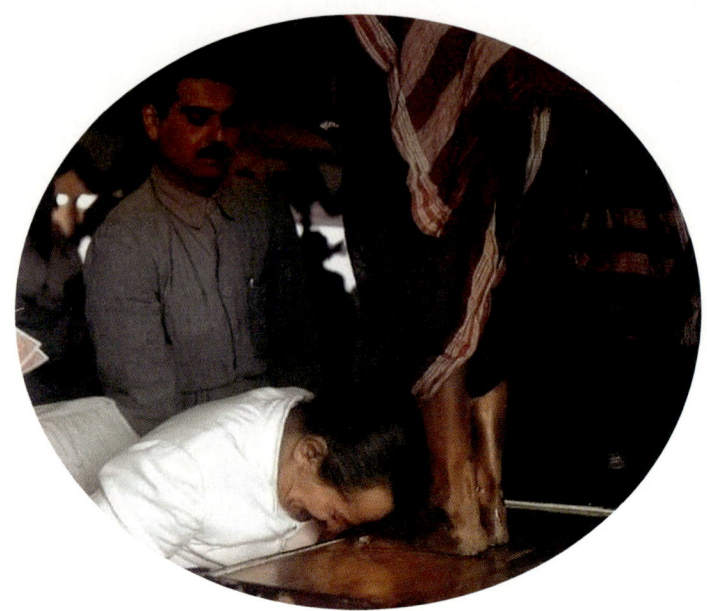

Some Yogis seek to realize the Self by trying to be forgetful of the gross universe. Instead of eliminating the binding impressionary dispositions, which twist and goad their mind, they often end by adding new impressionary dispositions of the inner planes. It is very rare for a Yogi to go beyond the fourth plane, where the greater supernatural powers come and often retard the progress of the spiritual pilgrim.

The Perfect Masters, therefore, effect the undoing of the impressionary dispositions by safe stages. In order to avoid the heaping up of an unmanageable load of impressions, the Masters generally isolate the disciples, sometimes even prohibiting them to eat at the hands of others. The food that a man eats brings with it the impressionary tendencies of the person who gives it. The Master not only stops the further accumulation of binding tendencies, but changes the entire outlook of his consciousness, directing it by stages from the gross to the subtle, from the subtle to the mental and from the mental to the Divine Sphere of existence.

길 잃은 여행자들을 교화

    몇몇 요기[요가 수행자]들은 물질적인 우주를 잊으려고 노력함으로써 참나를 실현하고자 추구합니다. 자신의 마음을 비틀고 괴롭히는 구속력 있는 인상적 기질을 제거하는 대신, 그들은 종종 내적 경지들에 대한 새로운 인상적 기질을 추가함으로써 끝을 맺습니다. 요기가 네 번째 경지를 넘어서는 것은 매우 드문데, 그곳에서는 더 큰 초자연적 힘들이 나타나서 종종 영적 순례자의 진행을 지연시킵니다.

    따라서 완전한 스승들은 안전한 단계들을 통해 인상적인 기질을 되돌릴 수 있도록 영향을 미칩니다. 감당할 수 없을 정도로 많은 인상이 쌓이는 것을 피하기 위해, 스승들은 보통 제자들을 격리시키고, 때로는 다른 사람의 손에 의해 먹는 것을 금지하기도 합니다. 사람이 먹는 음식은 그것을 주는 사람의 인상적 성향을 가져옵니다. 스승은 구속력 있는 성향들이 추가로 축적되는 것을 멈추게 할 뿐만 아니라 그의 의식의 전체적인 관점을 변화시켜서, 의식을 물질적인 것에서 기(氣)적인 것으로, 기(氣)적인 것에서 정신적인 것으로, 정신적인 것에서 존재의 신성한 영역으로 단계적으로 인도합니다.

Some wayfarers on the Path develop on the line of 'Masts.' The Mast or the God-intoxicated person, who loses his gross consciousness of the body or the world, often behaves like a person who is stark mad. He may, like mad persons, throw stones or filth at others or abuse and bite them. Yet, he is essentially different from mad persons, since all that he does has a radically different motivation and effect. The actions of mad persons can be distinguished from the actions of real Masts even as they can be distinguished from those of a drunkard. The difference between a drunkard and the mad person is that, while the drunkard always totters while walking, the mad person does not so totter. It is by means of this single movement that a mad person can be easily distinguished from a drunkard.

In the same manner, there are some outward signs by means of which it is possible to distinguish between the real Masts and the mad persons, though in many respects the Masts behave like mad persons. The Mast might sometimes behave like a mad person or like a child or a ghost. But his action is never meaningless. It is always charged with some deep spiritual import; and almost always it hits its target unfailingly and effectively. But though the state of the Mast is often very exalted and his powers great, he often gets dazed and loses his balance. He then needs the care and help of a Perfect Master, as much as and sometimes even more than ordinary seekers.

In most Masts, the heart is all right, filled with divine love. But the mentality is completely undermined, with the result that they are incapable of rendering any useful service to others on the Path. They also get stuck on the Path for lack of any inward steering. In such cases, the Master fills the Mast with mentality, rendering him susceptible and responsive to environmental reactions, and thus giving him an opportunity to advance further through discriminative acts of service to less advanced persons. He has to come down in order to go higher up; and he could not have come down without the help of the Master.

길 위의 일부 여행자들은 '머스트' 계통으로 발전합니다. 몸이나 세상에 대한 물질적인 의식을 상실한 머스트 또는 하나님에 도취한 사람은 종종 완전히 미친 사람처럼 행동합니다. 그는 미친 사람처럼 다른 사람들에게 돌이나 오물을 던지거나 학대하고 물 수도 있습니다. 그러나 그가 하는 모든 것은 근본적으로 다른 동기와 영향을 가지고 있기 때문에, 그는 미친 사람들과 본질적으로 다릅니다. 미친 사람의 행동은 술 취한 사람의 행동과 구별될 수 있는 것처럼, 실제 머스트의 행동과도 구별될 수 있습니다. 주정뱅이와 미친 사람의 차이점은, 주정뱅이는 걸을 때 항상 비틀거리지만, 미친 사람은 그렇게 비틀거리지 않는다는 것입니다. 이 한 번의 움직임으로 미친 사람과 술 취한 사람을 쉽게 구별할 수 있습니다.

마찬가지로, 진정한 머스트와 미친 사람을 구별할 수 있는 몇 가지 외형적인 징후가 있지만, 많은 면에서 머스트는 미친 사람처럼 행동합니다. 머스트는 때때로 미친 사람처럼 행동하거나 어린아이나 유령처럼 행동할 수도 있습니다. 그러나 그의 행동은 절대로 무의미하지 않습니다. 머스트는 항상 어떤 심오한 영적 의미로 가득 차 있으며, 거의 항상 그 목표물을 확실하고 효과적으로 명중시킵니다. 그러나 머스트의 상태는 보통 매우 고귀하고 그의 힘은 위대하지만, 그는 종종 멍해져서 균형을 잃습니다. 그때 그는 일반 구도자들만큼 그리고 때로는 심지어 그 이상으로 완전한 스승의 보살핌과 도움이 필요합니다.

머스트 대부분은 가슴이 선량하고, 신성한 사랑으로 가득 차 있습니다. 그러나 정신력은 완전히 손상되어 있으며, 그 결과 그들은 길 위에서 다른 이들에게 어떤 유용한 봉사를 할 수 없습니다. 그들은 내면의 조정이 부족하기 때문에 경로道에 고착되기도 합니다. 그런 경우 스승은 머스트를 정신력으로 채워 그를 주위 환경에 적응시키기 위해 민감하고 빠른 반응을 보이게 만들고, 따라서 그에게 덜 진보된 사람들에 대한 차별적인 봉사 행위를 통해 더 전진할 기회를 줍니다. 그는 더 높이 올라가기 위해서 내려와야 합니다. 그리고 그는 스승의 도움 없이는 내려올 수 없습니다.

Some Yogis can perform miracles like creating gold out of lead or iron. Others can even shake the whole world, if they want it. But they are not necessarily perfect. Such Yogis, though really far from perfection, get caught up in their own unmanageable powers. They become like a deer for a real Master to hunt. The Master of perfection, as it were, hunts them in the woods in which they roam about missing their way and whiling away their time in ignorant pursuits. And when the hunted ones pray for the right Path, the Master shows it to them, thus saving them from rounds and rounds of lives, which they would otherwise require to arrive at the further stages of the inner Path.

The Master can subdue the Yogis into the right course, because his powers, unlike the powers of the Yogis, are unlimited, though he seldom uses them. He is interested not in the exercise of powers, but in the imparting of spiritual knowledge, which is far more difficult and is the only thing of real value.

There was a Yogi who acquired great occult powers. One day he went to a town and offered food out of a small bowl to the inhabitants.

Thousands and thousands of persons partook of the rice given from his small bowl. But the bowl never got emptied. And those who were amazed at his extraordinary powers began to admire and follow him. As this Yogi was thus exploiting the people through his miraculous powers, a Perfect Master approached him and begged of food from his well-renowned bowl. Now the Yogi, according to his practice, was determined to give food to this newcomer until he was satisfied. But as he went on giving food the Master went on eating, never coming to a stop, until at last the Yogi got tired of giving. The Yogi then intuitively knew that he was now face to face with one who was spiritually much greater than himself. And as soon as he realized this, he was humbled and surrendered himself to the Master, beseeching him to give him the true spiritual light. It was through his humility that he won the redeeming grace of the Master.

일부 요기들은 납이나 철로 금을 만드는 것과 같은 기적을 행할 수 있습니다. 다른 요기들은 자신이 원한다면 온 세상을 뒤흔들 수도 있습니다. 그러나 그들이 반드시 완전한 것은 아닙니다. 그러한 요기들은 실제로 완전함과는 거리가 멀지만, 그들 자신의 통제할 수 없는 힘에 사로잡히기도 합니다. 그들은 진정한 스승이 사냥하는 사슴처럼 됩니다. 완전한 스승은 말하자면, 길을 잃고 무지한 추구로 시간을 허비하면서 방황하는 그들을 숲속에서 사냥합니다. 그리고 사냥당한 자들이 올바른 길을 위해 기도할 때, 스승은 그들에게 그것을 보여줌으로써 삶들의 끝없는 순환으로부터 그들을 구합니다. 그렇지 않으면 그들은 내적 경로[註]의 더 높은 단계들에 도달할 것을 요구할 것입니다.

스승의 힘은 비록 그가 그것을 거의 사용하지는 않지만, 요기들의 힘과는 달리 제한되어 있지 않으므로, 요기들을 올바른 방향으로 제어할 수 있습니다. 그는 힘을 행사하는 데 관심이 있지 않고, 훨씬 더 어렵고 진정한 가치가 있는 유일한 영적 지식을 나누어 주는 데 관심이 있습니다.

엄청난 초자연적인 힘을 얻은 요기가 있었습니다. 어느 날 그는 한 마을에 가서 주민들에게 작은 그릇에서 음식을 제공했습니다.

수천, 수만 명의 사람이 그의 작은 그릇에 담긴 밥을 먹었습니다. 하지만 그 그릇은 결코 비워지지 않았습니다. 그리고 그의 비범한 능력에 놀란 사람들은 그를 존경하고 따르기 시작했습니다. 이렇게 하여 이 요기가 기적적인 능력으로 사람들을 착취하고 있을 때, 한 완전한 스승이 그에게 다가와 그의 아주 유명한 그릇에 담긴 음식을 구걸했습니다. 이제 요기는 자신의 수행법에 따라, 이 새로 온 사람이 만족할 때까지 그에게 음식을 주기로 결심했습니다. 그러나 그가 음식을 계속해서 줄 때, 스승은 결코 멈추지 않고, 요기가 마침내 주는 것에 싫증이 날 때까지 계속해서 먹었습니다. 그러자 요기는 영적으로 자신보다 훨씬 더 위대한 사람과 지금 대면하고 있다는 사실을 직감적으로 알았습니다. 그리고 이 사실을 알아차리자마자, 그는 겸손해져서 스승에게 스스로 항복했고, 자신에게 참된 영적 빛을 주시기를 간청했습니다. 그가 스승으로부터 구원의 은총을 얻은 것은 그의 겸손을 통해서였습니다.

The Preparation

For real spiritual preparation, the disciple has to be ready for all eventualities. He must learn to adjust himself to any type of circumstances, favorable or otherwise. Others may not pay any heed to him or may treat him contemptuously or even slander and kick him in the wrath of reckless folly that does not stop to understand. But he remains unmoved by all this; and he resists the onslaughts of worldly pride by his unyielding humility. He is like a football ready to be kicked by all. The very kicks he courageously accepts from others raise him higher and higher, as in the case of the football. For him, the real failure lies in betraying the truth, and not in accepting worldly defeat or ill-treatment or ill-fame. Such dogged loyalty to the truth of his search leads him on to the higher sphere of the unlimited divine life of real fulfillment. Real humility is immense strength and not weakness. It disarms the prowess of arrogance and ultimately conquers it. It must and always will prevail as against the threatening forces of ignorant pride. The disciple prepares himself and others through unassumed humility and untiring adaptability without being disgruntled under the severest of ordeals.

The Master may test the faith and surrenderance of His disciple through ordeals and trails which only the true lovers can face. This may be brought out by means of the story of Sultan Muhamood. All the courtiers of the Durbar pretended that their obedience to the Shah was unquestioning. They made much ado about their assumed loyalty. But the Shah knew better. He loved Ayaz, one of his slaves, who, though unassuming, had real unswerving faith in the Shah. The test was dexterously planned by the Shah himself. The Shah called all those claiming to have faith in him to his Durbar. Placing the most precious diamond in his crown on the table, he asked his Vazir to break it into pieces. The Vazir knew how the diamond had been won through many ceaseless wars in which he himself had a share.

준비

진정한 영적 준비를 위해 제자는 모든 우발적인 사태에 대비해야 합니다. 그는 유리한 상황이든 그렇지 않은 상황이든, 어떤 유형의 상황에도 스스로 적응하는 법을 배워야 합니다. 다른 사람들이 그에게 전혀 주의를 기울이지 않거나 그를 업신여기고 심지어 비방하며, 판단하는 것을 멈추지 않는 무모한 어리석음의 분노로 그를 발로 찰 수도 있습니다. 그러나 그는 이 모든 것에도 흔들리지 않습니다. 그리고 그는 불굴의 겸허함으로 세속적인 교만의 맹공격에 저항합니다. 그는 모두에게 발로 차일 준비가 된 축구공과 같습니다. 그가 다른 사람들로부터 용감하게 받아들이는 바로 그 발길질은 축구공처럼 그를 점점 더 높이 올려줍니다. 그에게 진정한 실패는 세속적인 패배나 학대나 불명예를 받아들이는 것이 아니라 진실[진리]을 배신하는 데 있습니다. 그가 추구하는 진리에 대한 그러한 끈질긴 충성은 그를 진정한 성취의 무제한적인 신성한 삶의 더 높은 영역으로 인도합니다. 진정한 겸허함은 나약함이 아니라 엄청난 힘입니다. 그것은 오만함의 위용을 무장 해제시키고, 궁극적으로 그것을 정복합니다. 그것은 무지한 교만의 위협적인 세력에 대항하여 반드시 그리고 항상 승리할 것입니다. 제자는 가혹한 시련 속에서도 불평하지 않고 가장하지 않은 겸허함과 지칠 줄 모르는 적응력을 통해 자신과 다른 사람을 준비시킵니다.

스승은 참된 러버들만이 직면할 수 있는 시련과 길을 통해 제자의 믿음과 항복을 시험할 수 있습니다. 이것은 술탄[군주] 무하무드의 이야기를 통해 알 수 있습니다. 두르바르[인도 제후의 궁정]의 모든 신하는 왕(Shah: 국왕의 존칭)에 대한 그들의 복종이 의심의 여지가 없는 것처럼 가장했습니다. 그들은 그들의 가장된 충성에 대해 많은 야단법석을 떨었습니다. 그러나 왕은 더 잘 알고 있었습니다. 그는 자기 노예 중 한 명인 아야즈를 사랑했습니다. 아야즈는 비록 겸손하지만, 왕에 대한 진정하고 확고한 믿음을 가지고 있었습니다. 시험은 왕 자신이 치밀하게 계획했습니다. 왕은 자신을 믿는다고 주장하는 모든 사람을 궁정으로 불렀습니다. 그의 왕관에 있는 가장 귀중한 다이아몬드를 탁자 위에 올려놓고, 그는 바지르에게 다이아몬드를 산산조각 내라고 요청했습니다. 바지르는 그 다이아몬드가 그 자신이 참여한 수많은 전쟁을 통해 어떻게 획득되었는지 알고 있었습니다.

He argued that it would be unwise to break the pride of that entire kingdom, since the very prestige of the royal dynasty depended on the possession of that diamond. Then the Shah asked other courtiers to break that diamond. But all of them refused to break it and argued that such a suicidal act would completely undo the tremendous sacrifices of millions of people killed in securing it for the kingdom. The Shah then asked Ayaz to break it. Without any argument or hesitation, Ayaz forthwith broke that most precious diamond which was being coveted by all the other kings of the world.

All the courtiers got annoyed at this act of sheer rashness. They began to ask Ayaz why, instead of giving wise counsel to the Sultan, he rushed into that deed of unfathomable folly. Ayaz then, with all the humility of the slave, replied, "It is not for me to question why, when an order is given by the Shah himself. He must have very sound reasons for asking us to break this diamond. It would be sheer impudence on my part to ask him to explain the reasons. However, I frankly think that whatever has been done here today is for the real good and happiness of the people of our kingdom. The precious diamond, coveted by all the other neighboring kingdoms, was sure to invite invasions from outside, thus breaking the peace of the land forever. I would any day shatter to pieces a precious stone rather than break the peace of our beloved land."

The Shah then explained why he loved Ayaz more than himself, saying, "I cannot escape being a slave of my own slave. He has complete faith in me; and his submissiveness is unrestrained by any other considerations." What the Shah said about Ayaz is applicable to the Master and his disciple. When the faith and the surrenderance of a disciple are unrestrained and complete, the Master has to do his duty towards him. He cannot escape it even if the disciple is spiritually unprepared.

그는 왕가王※의 명성이 다이아몬드의 소유에 달려 있었기 때문에, 그는 왕국 전체의 자부심을 부수는 것은 현명하지 못한 일이라고 주장했습니다. 그러자 왕은 다른 신하들에게 그 다이아몬드를 깨부술 것을 요청했습니다. 그러나 그들 모두는 그것을 부수는 것을 거부했고, 그러한 자살 행위는 다이아몬드를 확보하는 과정에서 왕국을 위해 목숨을 잃은 수백만 명의 엄청난 희생을 완전히 무효로 만들 것이라고 주장했습니다. 그때 왕은 아야즈에게 그것을 깨뜨려 달라고 요청했습니다. 아야즈는 어떠한 주장이나 망설임도 없이, 세상의 다른 모든 왕이 탐내고 있던 그 가장 귀중한 다이아몬드를 즉시 깨뜨렸습니다.

모든 신하는 이 순전히 경솔한 행동에 화가 났습니다. 그들은 아야즈에게 왜 술탄[군주]에게 현명한 조언을 해주지 않고 그런 어리석은 행동을 서둘러 실행했는지 묻기 시작했습니다. 그러자 아야즈는 노예의 겸허한 태도로 대답했습니다. "왕이 직접 명령을 내릴 때, 그 이유를 따지는 것은 내가 할 일이 아닙니다. 그가 우리에게 이 다이아몬드를 부수라고 요구한 데에는 매우 타당한 이유가 있을 것입니다. 그에게 그 이유를 설명해 주길 요청하는 것은 나의 입장에서는 순전히 무례한 짓이 될 것입니다. 그러나 나는 솔직히 오늘 여기에서 행해진 모든 일은 우리 왕국 사람들의 진정한 선善과 행복을 위한 일이라고 생각합니다. 이웃의 다른 모든 왕국이 탐내는 귀중한 다이아몬드는 외부로부터 침략을 불러일으켜 이 땅의 평화를 영원히 깨뜨릴 것이 분명했습니다. 우리가 사랑하는 이 땅의 평화를 깨뜨리게 되는 것보다는 나는 언제든 귀중한 돌을 산산조각 낼 것입니다."

그러자 왕은 자기 자신보다 아야즈를 더 사랑한 이유를 설명하며, "나는 내 노예의 노예가 되는 것을 피할 수 없습니다. 그는 나를 전적으로 믿으며 그의 복종은 다른 어떤 고려 사항들에도 구애받지 않습니다."라고 말했습니다. 왕이 아야즈에 대해 말한 것은 스승과 제자에게도 적용될 수 있습니다. 제자의 믿음과 복종이 제한되지 않고 완전할 때, 스승은 제자에 대한 의무를 다해야 합니다. 제자가 영적으로 준비되어 있지 않더라도 스승은 의무를 피할 수 없습니다.

Special Train of the Master

If you want to go to a distant place and have no intention of getting off in between, you will naturally take the quickest train to that destination. The masses who follow rites and rituals to attain God as Truth are, as it were, on the freight train, which is indefinitely detained at various stations. Those who sincerely take some name of God with devotion and dedicate their life to the service of humanity are, as it were, in an ordinary train, which stops at every station according to the scheduled timetable. But those who seek the company of the Truth-realized Master and carry out his orders in full surrenderance and faith are, as it were, in a special train, which will take the aspirant to the Goal in the shortest possible time without any halts at the intermediate stations.

God is the eternal fountain of life and power. Different souls in the world share this life and power in varying degrees according to their spiritual proximity to God. The nearer one is to God or Truth, the less separated does one feel, and the greater is one's life and power. Those who become one with God are the infinite reservoir of all power, life, wisdom and bliss. But others also share all these in a limited degree, according to their station in the universe. If the God-realized Master is compared to the main power-house where electricity is generated, other souls may be compared to sub-power houses or storage batteries, which receive and conserve a limited degree of electricity and also can use it within the limits of their respective capacities.

스승의 특별 열차

만약 여러분이 멀리 가고자 하고 중간에 내릴 의도가 없다면, 여러분은 당연히 그 목적지까지 가장 빠른 기차를 탈 것입니다. 진리로서의 하나님께 도달하기 위해 의식과 의례를 따르는 대중들은 말하자면, 여러 역에서 무한정 지체되는 화물 열차를 타고 있는 것과 같습니다. 성실하게 하나님의 어떠한 이름을 헌신적으로 받들고 인류에 대한 봉사에 삶을 바치는 사람들은 말하자면, 예정된 시간표에 따라 모든 역에 정차하는 일반 열차를 타고 있습니다. 그러나 진리를 깨달은 스승의 동행을 구하고 완전한 항복과 믿음으로 스승의 명령을 수행하는 사람들은 말하자면, 중간역에서 정차하지 않고 가능한 최단 시간에 구도자를 목표로 데리고 갈 특별 열차를 타고 있는 것입니다.

하나님은 생명과 힘의 영원한 원천입니다. 세상의 다른 영혼들은 하나님과의 영적 근접성에 따라 다양한 정도로 이 생명과 힘을 공유합니다. 하나님 또는 진리에 더 가까울수록 분리감을 덜 느끼고, 생명과 힘은 더 커집니다. 하나님과 하나가 된 이들은 모든 힘, 생명, 지혜 및 지복의 무한한 보고입니다. 그러나 다른 사람들도 우주에서의 그들의 위치에 따라 제한된 정도로 이 모든 것을 공유합니다. 하나님을 깨달은 스승을 전기를 생산하는 주 발전소에 비유한다면, 다른 영혼들은 제한된 정도의 전기를 받아 보존하고 또한 각자의 능력[용량]의 한도 내에서 사용할 수 있는 하위 발전소나 축전지에 비유할 수 있습니다.

The mind cannot be turned to the Truth by sheer force. In the beginning it has to be coaxed and won over from its usual rambles, just in the same way as it is necessary to coax children in order to induce them to give up their play and take to study. The Master wins over the aspirant to the Truth with infinite dexterity. When the mind is won over to the Truth, all the senses automatically follow. If the senses are like soldiers, the mind is like their commander. When the senses retire from their distracting activities, it is easy for the ego-mind to consume itself in the blazing fire of Divine Love.

One of the ways by which the Master takes the aspirant to this goal is initiating him into spiritually enlightened service. The type of service which liberates consciousness from its bondage is very rare. Many worldly people, who seem to have devoted their lives to the service of humanity, are actually serving their desires. They are really trying to achieve greatness or fame. Even when service is rendered with the sole idea of conferring some benefit upon others, the veil of duality is still there. In spiritual service, there is no room for obliging anyone. On the contrary, the person who renders spiritual service should feel that he is himself being obliged by being given the opportunity to serve. Even this phase, however, has in it a shadow of slight illusion, for the thought of separateness from those who are served is still there, though not in an aggravated or aggressive form. In perfect service, there is no thought of any separateness between the one who serves and the one who is being served. But such service is possible only for the God-Man.

Ordinarily, the universal mind of the Master is linked up both with the world and with God. It is ceaselessly active even without the interruptions of sleep, which bring psycho-physical rest to ordinary persons. If the Master wants to have rest from his work, he has to get away from the world. But as soon as he does this his universal mind has a tendency to get merged in the Truth. The link with the world is in danger of being snapped altogether. This difficulty is usually surmounted by taking recourse to physical activity like climbing mountains or running or playing. Such physical activity gives him the much needed interval of psychic rest or relaxation without snapping his link with the world.

순전히 힘으로는 마음을 진리로 향하도록 돌릴 수 없습니다. 처음에는 아이들이 놀이를 포기하고 공부에 집중하도록 유도하기 위해 아이들을 달래는 것과 같은 방식으로 아이들의 마음을 달래 그 일상적 배회에서 벗어나게 해야 합니다. 스승은 무한한 솜씨로 구도자를 진리로 끌어넣습니다. 마음이 진리에 설득되면, 모든 감각은 자동으로 따라옵니다. 감각이 군인과 같다면, 마음은 그 지휘관과 같습니다. 감각이 주의의 산만한 활동에서 물러나면, 에고의 마음이 신성한 사랑의 타오르는 불 속에서 스스로를 태우기 쉽습니다.

스승이 구도자를 이 목표로 데려가는 방법 중 하나는 그에게 영적으로 깨우친 봉사를 시작하게 하는 것입니다. 의식을 속박에서 해방시키는 봉사의 유형은 매우 드뭅니다. 인류를 위한 봉사에 자신들의 삶을 바친 것처럼 보이는 많은 세속인이 실제로는 그들의 욕망을 위해 봉사하고 있습니다. 그들은 실제로 위대함이나 명성을 얻기 위해 노력하고 있습니다. 타인에게 어떤 혜택을 베푼다는 생각으로 봉사가 이루어질 때조차도, 이원성의 베일은 여전히 존재합니다. 영적 봉사에는 누구에게도 의무를 지울 여지가 없습니다. 오히려 영적 봉사를 하는 사람은 봉사할 기회가 주어짐으로써 그 스스로가 은혜를 입고 있다고 느껴야 합니다. 그러나 심지어 이 단계에도 그 안에 약간의 환상의 그림자가 있는데, 왜냐하면 격화되거나 공격적인 형태는 아니지만, 섬김을 받는 사람들과 분리되어 있다는 생각이 여전히 존재하기 때문입니다. 완전한 봉사에서는 섬기는 사람과 섬김을 받는 사람 사이에 분리되어 있다는 생각이 전혀 없습니다. 그러나 이러한 봉사는 오직 갓맨(God-Man, 아바타)에게만 가능합니다.

일반적으로 스승의 우주적 마음(universal mind, 보편적 실재의 마음)은 세상과 하나님 모두와 연결되어 있습니다. 그것은 보통 사람들에게 정신적 육체적 휴식을 가져다주는 수면의 중단 없이도 끊임없이 활동적입니다. 스승이 그의 일에서 휴식을 취하고 싶다면, 세상을 떠나야 합니다. 그러나 그가 그렇게 하자마자, 그의 우주적 마음은 진리에 융합되는 경향이 있습니다. 세상과의 연결 고리가 완전히 끊어질 위험에 처하게 됩니다. 이 어려움은 보통 산을 오르거나 뛰거나 놀이를 하는 것과 같은 신체 활동에 의지함으로써 극복됩니다. 이러한 신체 활동은 그에게 세상과의 연결 고리를 끊지 않고 정신적 휴식이나 기분 전환에 필요한 휴식 시간을 제공합니다.

It is for the Master to take the disciple to the heights of attainment when he is willing to tread the Path. But the choice of whether or not he is going to tread the Path rests with the disciple. It is for the Master to give the clarion call of "Awake! Arise or remain fallen forever!" and to precipitate the awareness of the urgent need for spiritual advancement. It is for the disciple to pay heed to his clarion call and gird up his loins for treading the arduous spiritual path which is far from being a bed of roses.

The spiritual line requires a readiness to face the severest of difficulties. It requires an iron will and a heart which does not melt at the sight of worldly scenes, but which remains firm on the Path. One yogi actually saw his wife jumping from the gallery to the floor and dying for him, but he remained unmoved by the attractions of Maya and did not stop even to look at her. He steadied his mind only in his Master's command that he was to give up everything and follow him.

The Path often calls for such resoluteness. The disciple must be able to face the blame or the ridicule of the world as if it were only the chirping of birds. He should be able to stick to his considered decision in the face of all opposition.

Once the disciple makes up his mind to stick to his Master and follow him, he should not allow any other worldly considerations to derail him from his determination. The Master rarely gives a disciple an order to give up everything and follow him. He does so where the disciple happens to be a member of his Circle owning to his long connection with him through past lives. Even if such a member of his Circle happens to be at the other end of the globe, the Master has his eye on him.

Other friends of such a disciple might want to drag him back to the material life of self and desires. But the Master draws him to the freedom of the Truth, sometimes apparently against his very wishes and quite regardless of whether he happens at that time to be a great sinner.

제자가 기꺼이 길을 걷고자 할 때, 그를 성취의 정점으로 데려가는 것은 스승의 몫입니다. 그러나 그가 길을 걸을 것인지 아닌지에 대한 선택은 제자에게 달려 있습니다. "깨어나라! 일어나라, 그렇지 않으면 영원히 쓰러진 채 있으라!"라는 낭랑한 외침을 주고, 영적 진보의 절박한 필요성에 대한 자각을 재촉하는 것은 스승의 몫입니다. 스승의 낭랑한 외침에 귀를 기울이고, 장미꽃밭에 있는 것과는 거리가 먼 고된 영적 길을 밟기 위해 허리를 동여매는 것은 제자의 몫입니다.

영적 노선은 가장 혹독한 어려움에 직면할 준비가 되어 있어야 합니다. 그것은 세속적인 광경을 보고도 섞이지 않고 수행의 길에 굳건히 서 있는 강철 같은 의지와 가슴이 필요합니다. 한 요기는 실제로 그의 아내가 갤러리에서 바닥으로 뛰어내려 그를 위해 죽어가는 모습을 보았지만, 그는 마야의 유인에 흔들리지 않았고, 심지어 아내를 바라보는 것조차 멈추지 않았습니다. 그는 모든 것을 버리고 그를 따르라는 스승의 명령에만 마음을 굳혔습니다.

길은 종종 그러한 단호함을 요구합니다. 제자는 세상의 비난이나 비웃음을 단지 새들의 지저귐처럼 받아들일 수 있어야 합니다. 그는 모든 반대에도 불구하고 자신이 내린 결정을 고수할 수 있어야 합니다.

일단 제자가 스승에게 충실하고 따르기로 결심했다면, 그는 어떤 다른 세속적인 고려 사항들이 자신의 결심에서 벗어나는 것을 용납해서는 안 됩니다. 스승은 제자에게 모든 것을 버리고 자신을 따르라는 명령을 거의 내리지 않습니다. 그는 제자가 오면 전생들을 통해 그와의 오랜 인연을 맺고 있는 자기 서클의 일원일 경우 그렇게 명령합니다. 그러한 그의 서클의 일원이 우연히 지구 반대편에 있다고 할지라도, 스승은 그를 눈여겨보고 있습니다.

그러한 제자의 다른 친구들은 그를 자아와 욕망의 물질적인 삶으로 다시 끌고 가려고 할 수도 있습니다. 그러나 스승은 때때로 그의 바로 그 소망과는 명백히 반대로, 그리고 그 당시에 그가 큰 죄인이 되었는지 여부와 상관없이 그를 진리의 자유로 이끕니다.

In such cases, the fact often is that the Higher Self of the disciple has already made its decision to attain the Truth, though the temporary surging up of desires sometimes makes him feel that he is not keen about it. His having been accepted by his Master at his own request, and on his voluntarily surrendering, imposes upon the Master an inescapable duty to save him from a further life of enslavement and ultimately to give him spiritual perfection.

But this is the privilege only of those who, through their past connections, have entered the circle of the Master. With regard to the masses, who constitute millions, the attitude of the Master is exactly the reverse. They often judge themselves to be ready for the highest spiritual attainment. They come to the Master with sincere prayers to be taken up and relieved of their worldly responsibilities and sufferings. They want to take to the spiritual line of renunciation and advance in it. Yet in spite of their loud clamoring and pressing requests, the Master makes them live in the world and stand the hardest of tests for years and sometimes for several lives. Though they are thus made to stand and wait, they acquire little by little the right to enter the circle of the Master if they faithfully carry out his directions in the midst of their worldly contexts in which their past karma happens to have placed them.

The masses are given guidance and are then left to work out their own destiny by stages until they really earn the right of being accepted into the circle of the Master. But the members of the Circle, on the other hand, are actually out of their limiting contexts and even in the face of their apparent unpreparedness for spiritual life, they are taken through the Path. Of course the Master never draws anyone by physical or mental force. But he simply adjusts his inner working in such a manner that the disciple gets drawn to the Path of Truth. When the Disciple is thus drawn on the Path, he has to stand firmly by the Truth and his Master instead of allowing himself to waver and change like a weathercock.

그러한 경우, 일시적인 욕망의 솟구침으로 인해 때때로 제자가 진리에 대해 열정적이지 않다고 느끼게 하지만, 사실은 종종 제자의 상위 자아가 이미 진리를 성취하기로 결심했다는 것입니다. 그가 자신의 요청에 따라 스승에게 받아들여지고 자발적으로 항복할 때, 계속되는 노예 상태의 삶으로부터 그를 구하고 궁극적으로 그에게 영적 완전함을 제공해야 할 피할 수 없는 의무를 스승에게 부과합니다.

그러나 이것은 과거의 인연을 통해 스승의 서클에 들어온 사람들만의 특권입니다. 수백만 명을 구성하는 대중과 관련해서 스승의 태도는 정반대입니다. 대중은 종종 자신이 최고의 영적 성취를 이룰 준비가 되어 있다고 판단합니다. 그들은 세속적 책임과 고통에서 벗어나기 위해 진지하게 기도하며 스승에게 다가옵니다. 그들은 포기라는 영적 노선을 선택하고 그 안에서 전진하기를 원합니다. 그러나 그들의 소란한 아우성과 절박한 요청에도 불구하고, 스승은 그들을 세상에서 살게 하면서 수년 동안 그리고 때로는 몇 번의 생애 동안 가장 힘든 시험을 견디게 합니다. 그들은 이렇게 견디며 기다려야 하지만, 자신들의 과거 업보가 그들을 처하게 한 세속적 상황 속에서 스승의 지시를 충실히 수행한다면, 스승의 서클에 들어갈 권리를 조금씩 획득합니다.

대중은 지침을 받은 다음, 그들이 실제로 스승의 서클에 들어갈 권리를 얻을 때까지 단계적으로 자신의 숙명을 해결하도록 남겨집니다. 반면에, 서클의 구성원들은 사실상 그들을 제한하는 상황에서 벗어나 있으며, 심지어 영적인 삶에 대한 준비가 명백하게 되어 있지 않음에도 불구하고 길을 통과하여 인도됩니다. 물론 스승은 누구든 결코 물리적이거나 정신적인 힘으로 끌어당기지 않습니다. 그러나 그는 단지 제자가 진리의 길로 이끌리는 방식으로 자신의 내적 작업을 조정합니다. 이렇게 하여 제자가 진리의 길로 이끌릴 때, 그는 자신이 바람개비처럼 흔들리고 변화하는 것을 허용하는 대신 진리 및 그의 스승 곁에 굳건히 서 있어야 합니다.

He must not leave the Path of his choice even against great odds. He must be like a rock, unaffected by the raining of hardships of physical, financial, mental or emotional difficulties. He, however, is not merely expected to be firm on the path. The Master gives him the necessary strength and is always behind him with all the infinite powers attendant upon his spiritual perfection.

The Master voluntarily chooses to come to the world for its upliftment, in spite of all its painful shortcomings and perversities. He may choose to give the benefit of his vision and powers to the worst of sinners. And when such a sinner sincerely makes the most of this benefit, he can in due time surpass even the best of saints who have not the humility to surrender themselves to a Truth-realized Master in spite of their plodding on the Path by the momentum of their temperament. Those who have the advantage of being taken up by the Master do not have to follow different spiritual Paths or Yoga in their separateness. All of them get beautifully welded into one without any need for special efforts.

In sincere surrenderance to the Master, the disciple comes very near to the stopping of the mind, which is the object of most yogic processes. In thinking day and night of the Master, the disciple nearly achieves the ultimate objective of the diverse practices of meditation and concentration. By putting the work of the Master above his own personal needs, he achieves the aim of all renunciation. In obeying the Master at any cost and serving him selflessly, he nearly arrives at the culmination of the Path of Action. In understanding the Master as he is, he comes to the end of the Path of knowledge. And in loving the Master above everything else, he becomes one with him as Truth and thus attains Godhood, which is the ultimate goal of all search and endeavor. When the time is ripe, the realization of divinity comes inevitably through the Master. It is never given before the time is ripe: but it is also never held up even for a split second after the time is ripe.

그는 많은 역경에 맞서 자신이 선택한 길을 떠나서는 안 됩니다. 그는 육체적, 재정적, 정신적 또는 감정적 어려움의 고난이 쏟아지더라도 영향받지 않는 바위와 같아야 합니다. 그러나 그가 단순히 길에서 확고할 것이라고 기대되지는 않습니다. 스승은 그에게 필요한 힘을 주고, 그의 영적 완성에 수반되는 모든 무한한 힘과 함께 항상 그의 뒤에 있습니다.

스승은 세상의 모든 고통스러운 결점과 사악함에도 아랑곳없이, 세상의 고양을 위해 자발적으로 세상에 오기를 선택합니다. 그는 최악의 죄인들에게도 자신의 비전과 능력의 혜택을 주기로 선택할 수 있습니다. 그리고 그러한 죄인이 이 혜택을 진심으로 최대한 활용할 때, 그는 때가 되면 심지어 자신들의 기질의 추진력으로 길을 밟고 있음에도 불구하고 진리를 깨달은 스승에게 자신을 굴복시킬 겸손이 없는 최고의 성자들도 능가할 수 있습니다. 스승에 의해 받아들여진 유리한 입장에 있는 사람들은 분리성에 있는 다른 영적인 길들이나 요가를 따를 필요가 없습니다. 그들 모두는 어떤 특별한 노력 없이도 아름답게 하나로 합쳐집니다.

스승에게 진심으로 항복함으로써, 제자는 대부분 요가 과정의 목표인 마음의 정지에 매우 가까워집니다. 밤낮으로 스승을 생각하면서 제자는 명상과 집중이라는 다양한 수행의 궁극적인 목적을 거의 달성합니다. 스승의 일을 자신의 개인적인 필요보다 우선시함으로써, 그는 모든 포기의 목표를 달성합니다. 어떤 대가를 치르더라도 스승에게 순종하고 사심 없이 그를 섬김으로써, 그는 행동의 길의 정점에 거의 도달합니다. 스승을 있는 그대로 이해함으로써, 그는 지식의 길 끝에 도달합니다. 그리고 무엇보다도 스승을 사랑함으로써, 그는 진리로서 스승과 하나가 되어 모든 탐구와 노력의 궁극적인 목표인 신격神格을 성취합니다. 때가 무르익으면, 신성의 깨달음은 필연적으로 스승을 통해 이루어집니다. 신성은 때가 무르익기 전에는 절대로 주어지지 않습니다. 그러나 그것은 또한 때가 무르익은 후에는 절대 한순간도 지체되지 않습니다.

The Truth-Individual

The Eternal Truth has three aspects—Dnyana or knowledge, Shakti or power, and Ananda or bliss. The Sakshatkara or realization of this three-fold divinity or Truth is the target of the seeker. Persons who are on the path of action become Mahatmas and get its eternal power. Those who seek wisdom get its eternal knowledge. Those who take to the path of Prema or love get is eternal joy. But at the end of the path, all have to come to the indivisible completeness of the Truth, in all its aspects, though their paths might have been different. The one who arrives at the goal is the Truth-Individual.

The path of love is the quickest. The love awakened in the aspirant may be likened to the physical appetite. The appetite is followed by thoughts of food and then successively by striving for food, getting the help of a cook, and lastly, the fulfillment of eating the food. So spiritual love is followed by thoughts of God, which then successively result in longing for God, getting the help of the Truth-Individual and lastly in the realization of God. This is the inheriting of the eternal bliss. It is the fulfillment of all other minor or major ecstasies of the path.

The Prema-yoga or the path of love leaves no room for halting or resting in the middle of the sojourn. It takes the aspirant inevitably to the Truth-Individual and through him to the Truth itself.

진리의 인간

영원한 진리에는 드냐나 또는 앎, 샥티 또는 힘, 아난다 또는 지복의 세 가지 측면이 있습니다. 삭샤트카라 또는 이 삼중 신성 또는 진리의 깨달음은 구도자의 목표입니다. 수행의 길에 있는 사람들은 마하트마[위대한 영혼, 진보한 요기]가 되어 그 영원한 힘을 얻습니다. 지혜를 구하는 사람들은 지혜의 영원한 앎을 얻습니다. 프레마 또는 사랑의 길로 가는 사람들은 그 영원한 기쁨을 얻습니다. 그러나 길의 끝에서 모든 사람은 비록 그들의 길이 달랐을지라도, 그 모든 측면에서 진리의 나눌 수 없는 완전성에 도달해야 합니다. 목표에 도달하는 사람은 진리의 인간입니다.

사랑의 길이 가장 빠릅니다. 구도자 안에서 깨어난 사랑은 육체적 식욕에 비유할 수 있습니다. 식욕은 음식에 관한 생각으로 이어지고, 그다음에는 순차적으로 음식을 구하려고 노력하며, 요리사의 도움을 받고, 마지막으로 음식을 먹는 성취가 뒤따릅니다. 그와 같이 영적인 사랑은 하나님에 대한 생각이 뒤따르게 되고, 그다음에는 순차적으로 하나님을 위한 갈망을 야기하고, 진리의 인간의 도움을 받아서, 마지막으로 하나님에 대한 깨달음을 가져옵니다. 이것은 영원한 지복을 상속받는 것입니다. 그것은 길의 다른 모든 사소하거나 주요한 황홀경의 성취입니다.

프레마 요가 또는 사랑의 길은 체류 도중에 멈추거나 쉴 여지를 남기지 않습니다. 그것은 구도자를 필연적으로 진리의 인간에게, 그리고 그를 통해 진리 그 자체로 데려갑니다.

This love makes one forget oneself and the world, bringing in its wake the ascending ecstasies attendant upon the intoxicating glimpses of the Divine Being. In Hafiz and other Sufi poets, it is likened to wine. Divine Love and wine are both often alien to the established creeds of religion. The former is beyond the creeds; and the latter is forbidden by them. Both are intoxicating and make man forgetful. But while wine leads to self-oblivion, Divine Love leads to self-knowledge.

The Truth-Individual sees himself in everyone. He dwells in non-duality. The same water, when placed in different-colored bottles, appears to have different colors—green in one, yellow in the other, red in the third. The difference is only in apparent colors; but the water is the same. So, in diverse and variegated forms, the same Self is seen by the one who knows the Truth. A child in its ignorance may be impelled to quarrel with its own image in the mirror. But the grownup person knows that it is his own image. He has no such binding impulse. Similarly, the Master is free from the binding impulsions of duality.

Slowly and gradually, the Master takes his disciples to the illimitable Truth. If there is too much hurry, there is the risk of the disciple dropping his physical body or of being a majzoob; for, in that case, his ego-mind gets annihilated prematurely. Every individual requires separate and individual treatment, just as the different parts of the body, when out of order, require specific treatment according to the nature of their disorder. Specific treatment enables the different parts to be restored to their normal and healthy functioning. Then they can all work in perfect harmony for a common purpose. All individuals are, as it were, parts of the universal life of Truth and each requires special treatment.

In the worldly stages of established religions, as well as in the earlier stages of the inner path, there are diverse, helpful rules according to the approach taken (Margo, Talim or Rah).

이 사랑은 사람으로 하여금 그 자신과 세상을 잊게 하고, 그 여파로 신성한 존재의 도취적인 일별에 수반되는 상승하는 황홀경을 가져옵니다. 하피즈와 다른 수피 시인들은 그것을 와인에 비유합니다. 신성한 사랑과 와인은 종종 기존 종교의 교리에 이질적입니다. 전자는 교리를 넘어섭니다. 그리고 후자는 교리에 의해 금지됩니다. 둘 다 취하게 하여 사람을 망각하도록 만듭니다. 그러나 와인은 자기 망각을 초래하는 반면, 신성한 사랑은 자아의 지식으로 이어집니다.

진리의 인간은 모든 사람에게서 자신을 봅니다. 그는 비이원성 속에 거합니다. 같은 물을 다른 색깔의 병에 담았을 때, 하나는 녹색, 다른 하나는 노란색, 세 번째는 빨간색인 다른 색을 가진 것같이 보입니다. 겉으로 보이는 색상의 차이일 뿐 물은 동일합니다. 따라서 진리를 아는 사람은 다양하고 다채로운 형태에서 동일한 참나를 봅니다. 무지한 아이는 거울에 비친 자신의 모습과 다투게 될 수도 있습니다. 그러나 어른은 그것이 자기의 모습임을 알고 있습니다. 그는 그러한 구속력 있는 충동이 없습니다. 마찬가지로 스승은 이원성의 구속력 있는 충동으로부터 자유롭습니다.

스승은 천천히 그리고 점진적으로 제자들을 무한한 진리로 인도합니다. 너무 서두르게 되면 제자가 육체를 떨어뜨리거나 마주브가 될 위험이 있습니다. 왜냐하면 그런 경우에는 그의 에고적 마음이 너무 이르게 소멸하기 때문입니다. 신체의 다른 부위들이 탈이 났을 때, 병의 특성에 따라 특정한 치료가 필요한 것처럼, 모든 사람은 별도의 개별적인 치료가 필요합니다. 특정한 치료는 여러 부위가 정상적이고 건강한 기능을 회복할 수 있게 합니다. 그러면 그것들은 모두 공통의 목적을 위해 완벽한 조화를 이루며 작동할 수 있습니다. 말하자면, 모든 사람은 진리라는 우주적 생명의 일부이며, 각 개인은 특별한 치료가 필요합니다.

내적 길의 초기 단계뿐만 아니라 기존 종교의 세속적 단계에서는, 취해진 접근 방법에 따라 다양하고 유용한 규칙(마르고 [외적 접근], 탈림 [교육, 지식적 접근] 또는 라흐 [길, 방법, 유지, 관습적 접근])들이 있습니다.

But the aspirant should know from the beginning that in the final illumination there are no rules at all. Nor can the final illumination be brought about by the observance of any rules. It has to be entirely left to the grace of the Truth-realized Master. The mind of the accepted disciple is like a wheel, turning most of the time in only one direction. It is unwinding the acquired impressions. But the mind of others, seeking without a Master, is like the balance-wheel of a watch. As a rule, it moves in both directions. It sometimes unwinds the impressions, but often it also winds them up.

It is, however, very rare for the mind of man to be finally turned away from the allurements of the world. In order to awaken you from a smooth and pleasant dream, some frightening thing like a tiger has to appear in the dream itself. In the same way, some ghastly and unwelcome thing has to occur in the life of those immersed in the world, if they are to get disillusioned and reverse the direction of their mind. Such reversal of direction first expresses itself through increasing detachment from the body.

The physical body is nothing but the food which man eats. The body assimilates that portion of the food which is useful for body-building; and it throws out that portion which is useless. What is thrown out is as much food as what is assimilated. If man is so supremely indifferent to the eliminated refuse, why should he not have the same detachment to the assimilated food which becomes his body? Why should he shed tears when, after death, the body itself has to be thrown away?

After all, the body itself is a sort of food for the soul, when it serves some purpose of the soul. But when it is rendered useless, it is dropped by the soul as something which no longer serves any of its purposes. There is absolutely no point in lamenting the loss of the physical body, no matter whether we ourselves have lost our body or others have lost theirs. When one body is dropped, the soul can take up another body when it needs one.

그러나 구도자는 최종 깨우침에는 규칙이 전혀 없다는 것을 처음부터 알아야 합니다. 또한 어떤 규칙을 준수한다고 해서 최종 깨우침을 불러올 수도 없습니다. 그것은 전적으로 진리를 깨달은 스승의 은총에 내맡겨야 합니다. 받아들여진 제자의 마음은 수레바퀴와 같아서 대부분의 시간이 한 방향으로만 돕니다. 그것은 습득한 인상들을 푸는 것입니다. 그러나 스승 없이 추구하는 다른 이들의 마음은 시계의 평형추와 같습니다. 원칙적으로 그것은 양방향으로 움직입니다. 때때로 그것은 인상들을 풀기도 하지만, 종종 감기도 합니다.

하지만 인간의 마음이 최종적으로 세상의 유혹들로부터 등을 돌리는 경우는 매우 드뭅니다. 잔잔하고 기분 좋은 꿈에서 깨어나기 위해서는 꿈 그 자체에 호랑이와 같은 다소 무서운 것이 나타나야 합니다. 마찬가지로, 세상에 몰입한 사람들이 삶에 환멸을 느끼고 마음의 방향을 바꾸려면, 어떤 섬뜩하고 달갑지 않은 일이 그들의 삶에 일어나야 합니다. 그러한 방향 전환은 먼저 몸으로부터 점점 더 초연해짐을 통해 자신을 표현합니다.

육신은 단지 사람이 먹는 음식에 불과합니다. 몸을 만드는 데 유용한 음식의 부분을 몸이 흡수하고, 쓸모없는 부분은 버립니다. 버려지는 부분은 흡수된 것만큼이나 많은 음식입니다. 인간이 배출된 찌꺼기에 그렇게 극도로 무관심하다면, 왜 그의 몸이 되는 흡수된 음식에 대해서도 똑같은 초연함을 갖지 않는 것입니까? 죽은 후 몸 자체를 버려야 할 때, 왜 눈물을 흘려야 합니까?

결국, 몸 자체가 영혼의 어떤 목적에 이바지할 때, 몸은 영혼을 위한 일종의 음식입니다. 그러나 몸이 쓸모없게 되면 몸은 더 이상 그 어떤 목적에도 도움이 되지 않는 것으로서 영혼에 의해 떨어뜨려집니다. 우리 자신이 육신을 잃었든, 다른 사람이 육신을 잃었든 상관없이, 육신의 상실을 한탄하는 것은 전혀 의미가 없습니다. 하나의 몸이 떨어뜨려지면, 영혼은 필요할 때 다른 몸을 취할 수 있습니다.

As long as food advances the health of the body, it is welcome. But if it is poisoned and becomes a danger to the body, it is rightly shunned. As long as the body is useful for the spirit, there is some meaning in attaching importance to it. But if it cannot serve that purpose, it is sheer ignorance and weakness to lament its loss.

The body is perishable by the unalterable law of nature. Why weep and worry at the time of its dissolution? The soul remains untouched by death. You are the soul, not the body. However, it is a mistake to belittle the physical body; and it is the greatest spiritual blunder to try to put an end to it. It is only in the physical body that the soul has any chance of attaining God-realization. Even the Devas long to get a physical form on earth. It is a sheer act of folly not to take proper care of the body; or to put an end to it for flimsy troubles and supposed sufferings. But while it is right to take care of the body, it is wrong to be attached to it, to pamper it or be dominated by it.

When one turns his back to the world, and his face to God, he may hear sweet melodies, smell fragrances or see light-globes. In the light-globe he generally sees the figure of his Master, revealing him in his resplendent divine glory and perfection. The exquisite brilliance and splendor of such light-globes is so enchanting and bewildering that the aspirant seeks nothing else and is completely absorbed in gazing fixedly at them. This Noor or light-globe is a real object. It is no dream or hallucination. But it is only the first stage of a long path. It should not be mistaken for the goal, which is to become the shoreless and formless ocean of Truth.

Look at your own shadow. It seems so near to you. It is adjoining you. But you cannot grasp it or overtake it in a race. You may follow your shadow till doomsday, but it will still evade you and be a bit ahead of you.

음식이 몸의 건강을 증진시키는 한, 음식은 환영할 일입니다. 그러나 그것이 독이 되어 몸에 위험이 된다면, 당연히 기피해야 합니다. 몸이 영(靈)을 위해 유용한 한, 몸에 중요성을 두는 데에는 다소 의미가 있습니다. 그러나 몸이 그 목적에 이바지할 수 없다면, 몸의 상실을 한탄하는 것은 순전한 무지와 나약함입니다.

몸은 불변하는 자연의 법칙에 의해 썩기 쉽습니다. 몸이 소멸할 때, 왜 울고 걱정합니까? 영혼은 죽음에 영향을 받지 않은 채로 남아 있습니다. 여러분은 몸이 아니라 영혼입니다. 그러나 육신을 경시하는 것은 실수이며, 육신을 끝내려고 하는 것은 가장 큰 영적 실수입니다. 영혼이 신성실현[하나님을 깨달음]을 달성할 기회는 오직 육체에서만 가능합니다. 천신들조차도 지상에서 육신의 형태를 얻기를 갈망합니다. 몸을 제대로 돌보지 않거나, 어설픈 문제와 예상되는 고통으로 인해 육신을 끝내 버리는 것은 순전히 어리석은 행동입니다. 그러나 몸을 돌보는 것은 맞지만, 몸에 집착하거나, 몸을 애지중지하거나, 몸에 지배당하는 것은 잘못된 것입니다.

사람이 세상을 등지고 하나님께 얼굴을 돌릴 때, 그는 달콤한 멜로디를 듣거나 향기를 맡거나 빛의 구체를 볼 수 있습니다. 빛의 구체에서 그는 일반적으로 눈부시게 빛나는 신성한 영광과 완전함 속에서 자신을 드러내는 그의 스승의 모습을 봅니다. 그러한 빛의 구체의 절묘한 광채와 화려함은 너무나 매혹적이고 당혹스러워서 구도자는 다른 어떤 것도 구하지 않고, 그것을 뚫어지게 응시하는 데 완전히 심취합니다. 이 누르[초광명, 정광명] 또는 빛의 구체는 실재하는 물체입니다. 그것은 꿈이나 환각이 아닙니다. 그러나 이것은 긴 여정의 첫 단계에 불과합니다. 그것을 목표로 오인해서는 안 되는데, 목표는 해안도 없고 형태도 없는 진리의 바다가 되는 것입니다.

여러분 자신의 그림자를 보세요. 그것은 여러분에게 너무나 가까이에서 보입니다. 그것은 여러분과 인접해 있습니다. 그러나 여러분은 그것을 붙잡거나 경주에서 추월할 수 없습니다. 여러분은 최후의 날까지 자신의 그림자를 따라갈 수 있지만, 그림자는 여전히 여러분을 피하고 여러분보다 조금 앞서 있을 것입니다.

Seeking God through the ego-mind is like trying to go ahead of your own shadow. It cannot be done, not because God is in any way far off, but because you can never get to the Real through the false. God is nearer to you than your own shadow. In fact, He is not only within you but is your very Self. But you can never get at Him, for you seek Him through the ego-mind which converts Him into a will-o'-the-wisp. It is no easy thing to realize God, as some seem to think. The ego-mind must meet actual death if God is to be seen and realized.

A person who is bound in the illusion of the world is like gold mixed up with ore. As he turns away from the world, the impurities in him gradually get eliminated until at last he becomes like pure gold without the ore. Now, when he comes back to the world, it is like consciously accepting the dross. That is why he suffers. But he knows that he is really gold and not dross. This knowledge sustains him. When his work in the world is over, he again goes to the state of illimitable purity. And even during his work he never allows the dross to be anything except his superficial covering, which he takes on and off at will, without getting mixed up with it. The really difficult process is the first ascent, during which the gold of self is separated from the alloy of illusion.

Even a person who is stationed on the sixth plane is still in illusion. One who is on the sixth plane experiences that everything proceeds from God (Hameh Az Oost), and also that God is everything (Hameh Oost). This is the direct vision and experience of Valis who see the universe as emanating from God Himself. But this experience that God is everything must not be mixed up with the supreme experience, "I-am-God." This supreme experience can come only when the mind is dropped. Just as the knowledge given by the physical senses is multifarious, the knowledge given by the supersensory perceptions and revelations can also be multifarious. But in order to attain the Truth, all these props and pegs of supersensory perceptions have, like ordinary perceptions of the physical senses, to be cast off at the threshold of the final merging of the soul into the Infinite.

에고의 마음을 통해 하나님을 찾는 것은 자신의 그림자보다 앞서가려고 하는 것과 같습니다. 그것은 하나님이 멀리 떨어져 있기 때문이 아니라 거짓을 통해서는 절대 실재에 도달할 수 없기 때문에 할 수 없습니다. 하나님은 여러분 자신의 그림자보다 여러분에게 더 가까이 있습니다. 사실, 하나님은 여러분 안에 있을 뿐만 아니라 바로 여러분 자신[참나]입니다. 그러나 여러분은 결코 그분에게 다가갈 수 없습니다. 왜냐하면 여러분은 그분을 도깨비불로 바꾸는 에고적인 마음을 통해 하나님을 찾기 때문입니다. 일부 사람들이 생각하는 것처럼, 하나님을 깨닫는 것은 쉬운 일이 아닙니다. 하나님을 보고 깨닫고자 한다면 에고의 마음은 실제로 죽음을 맞이해야 합니다.

세상의 환상에 얽매인 사람은 광석이 섞인 금과 같습니다. 그가 세상을 외면함에 따라 그의 안에 있는 불순물들은 점차 제거되어 마침내 광석이 없는 순금과 같아집니다. 이제 그가 세상으로 돌아올 때, 그것은 의식적으로 찌꺼기를 받아들이는 것과 같습니다. 그것이 그가 고통받는 이유입니다. 그러나 그는 자신이 실제로 금이며 찌꺼기가 아니라는 것을 알고 있습니다. 이 지식이 그를 지탱합니다. 세상에서의 그의 일이 끝나면, 그는 다시 무한한 순수의 상태로 돌아갑니다. 그리고 자신의 일을 하는 동안에도 그는 찌꺼기와 섞이지 않고, 마음대로 쓰고 벗는 자신의 표면적 외피를 제외하고는 찌꺼기가 어떤 것도 되는 것을 결코 허용하지 않습니다. 정말로 어려운 과정은 자아의 금이 환상의 합금으로부터 분리되는 첫 번째 상승입니다.

여섯 번째 경지에 있는 사람도 여전히 환상 속에 있습니다. 여섯 번째 경지에 있는 사람은 모든 것이 하나님에게서 나오고(하메 아즈 우스트) 하나님이 모든 것(하메 우스트)임을 경험합니다. 이것은 우주를 하나님 그분 자신에게서 나오는 것으로서 보는 발리(Vali: 5경지 성자)들의 직접적인 시각과 경험입니다. 그러나 하나님이 모든 것이라는 이 체험은 "나는 하나님이다."라는 최상의 경험과 혼동해서는 안 됩니다. 이 최상의 경험은 마음이 떨어질 때만 올 수 있습니다. 육체적 감각들을 통해서 주어지는 지식이 다양하듯이, 초감각적 지각과 계시들을 통해서 주어지는 지식도 다양할 수 있습니다. 그러나 진리를 성취하기 위해서는 초감각적 지각의 이 모든 버팀목과 말뚝은 육체적 감각의 일반적인 지각과 마찬가지로 영혼이 무한함 안에 최종적으로 합쳐지는 문턱에서 버려져야 합니다.

The true experience of God comes only when man and God get united so completely that there is no possibility of any demarcation, far less of actual division.

In the final stages of the ascent, when the mind is metamorphosed into the Truth, the general rule is that all the three worlds (the gross, the subtle, and the mental) disappear from the range of consciousness. In very few cases, Truth-realization can come concurrently with the soul's having the experience of the threefold world. The experience of the threefold world in such extremely rare cases becomes itself, as it were, the receptacle of the "I-am-all" consciousness of Truth-realization. If the Truth-Individual has had a wide range of world-consciousness prior to his realization, he wields greater hold upon the relativities within the illusory existence than if he has had a narrower range of world-consciousness. He also enjoys greater authority and has for the use of his power the entire expanse of the threefold world, which becomes the field of his divine working.

However, these are only rare and exceptional cases. Here, it is out of the material of the individual's world-experiences that there precipitously emerges the transcendent experiences of the illimitable Truth, the non-dual being the culmination of understood duality. But as a general rule, before Truth-realization there is a complete disappearance of the consciousness of all the three worlds. With the dissolution of the ego-mind, consciousness is held up in nothingness, with the result that the limited ego has no successor. But when the Truth which is realized in this nothing-consciousness begins to assert itself, it comes as a state of "I-am-God." In the merging, the soul is bereft of all individuality; but in the assertion, it is bestowed with divine and unlimited Truth-Individuality.

The Incarnated Truth gets full control over the universal body (sometimes called Virat Swarupa), by means of which the Master can appear in his physical body at different places at one and the same time in instantaneous response to any agonizing calls from the devotees of God. This body does not go into operation except in very special circumstances.

하나님에 대한 진정한 경험은 인간과 하나님이 완전히 하나가 되어 어떠한 경계도 없어지고 실제 분열의 가능성이 훨씬 적을 때만 이루어집니다.

상승의 마지막 단계에서 마음이 진리로 변형될 때, 일반적인 규칙은 의식의 범위에서 세 가지 세계(물질적인 세계, 기氣적인 세계, 정신적인 세계)가 모두 사라진다는 것입니다. 극소수의 경우에, 진리의 깨달음은 영혼이 삼중 세계를 경험하는 것과 동시에 올 수 있습니다. 이러한 아주 극히 드문 경우에 삼중 세계에 대한 경험은 그 자체로, 진리의 깨달음인 "나는 모든 것이다"라는 의식을 수용하는 그릇이 됩니다. 진리의 인간이 깨달음 이전에 넓은 범위의 세상적인 의식을 가지고 있었다면, 그는 더 좁은 범위의 세상적인 의식을 가졌을 때보다 환상적 존재 안에서 상대성에 대해 더 큰 영향력을 행사합니다. 또한 그는 더 큰 권위를 누리고 자신의 신성한 일의 현장이 되는 삼중 세계의 전체 영역을 차지하여 자신의 힘으로 사용합니다.

그러나 이것은 드물고 예외적인 경우일 뿐입니다. 여기에서 개인의 세상적 경험의 소재를 벗어나 무한한 진리에 대한 초월적 경험들이 급격하게 나타나게 되며, 비이원성非二元性은 이해된 이원성의 정점이 됩니다. 하지만 일반적으로 진리를 깨닫기 전에 세 가지 세계 모두에 대한 의식은 완전히 사라집니다. 에고의 마음이 해체되면서 의식은 공성空性에 머물게 되고, 그 결과 제한된 에고는 계승자가 없게 됩니다. 그러나 이 무적無的-의식(nothing-consciousness)에서 깨달은 진리가 스스로를 주장하기 시작할 때, 그것은 "나는 하나님이다."의 상태로 나타납니다. 융합할 때 영혼은 모든 개성을 상실하지만, 주장할 때는 신성하고 무한한 진리의 개성을 부여받습니다.

화신한 진리는 우주적 몸(때로는 비랏 스와루파라고 불림)에 대한 완전한 통제권을 얻는데, 이를 통해 스승은 하나님의 헌신자들에게서 오는 어떠한 고통스러운 부름에도 즉각적으로 응답하여 동시에 여러 장소에서 그의 육신으로 나타날 수 있습니다. 이러한 몸은 아주 특별한 상황을 제외하고는 작동하지 않습니다.

It is no pleasant progress for the Truth-Individual to come down after attaining Godhood. He is always reluctant to descend into the illusion of duality again. It means so much sacrifice on his part and so much suffering. But sometimes he does come, his sole object being to fulfill the spiritual mission of saving other individuals. His mission takes concrete shape according to the times and the circumstances in which he takes his descent. He himself has nothing to gain by descending from the shoreless ocean of Truth into the relativities of illusory existence. But in such descent he also does not in any way lose his spiritual attainment. He now combines in himself both types of knowledge, viz., the knowledge of oneness and the knowledge of relativities.

The Truth-Individual who descends into the world of illusory duality is referred to as Qutub, which literally means "the center." The Perfect Master becomes the center of the universe. He finds himself as the only absolute and changeless point around which the entire universe is constantly turning. The universe is like the grinding mill; and the Truth-realized Master is like its central pin. As Kabir has stated, none can escape the eternal crushing that goes on in this grinding mill of the universe. Only the Master is unscathed by the happenings of the universe, though he is in its very center. Each Truth-Individual is in the center, but the center is only one. Each has a distinct identity (Husti) of his own. This core of identity becomes the nucleus of affirmative divine individuality of the Truth-Incarnate, without blurring or limiting his oneness with the all-inclusive Truth.

진리의 인간이 신격神格을 달성한 후 내려오는 것은 유쾌한 진행이 아닙니다. 그는 항상 이원성의 환상 속으로 다시 내려오는 것을 꺼립니다. 그것은 그의 입장에서 너무 많은 희생과 너무 많은 고통을 의미합니다. 그러나 때때로 그는 그의 유일한 목적인 다른 사람들을 구원하는 영적 사명을 완수하기 위해 내려옵니다. 그의 사명은 그가 강림하는 시대와 상황에 따라 구체적인 형태를 취합니다. 그 자신은 해안이 없는 진리의 바다에서 환상적 존재의 상대성 속으로 내려옴으로써 얻을 것은 아무것도 없습니다. 그러나 그러한 강림에서, 그는 또한 어떤 식으로든 그의 영적 성취를 잃지 않습니다. 그는 이제 그 자신 안에서 두 가지 유형의 지식, 즉 단일성에 대한 지식과 상대성에 대한 지식을 결합합니다.

환상에 불과한 이원성의 세계로 내려오는 진리의 인간은 문자 그대로 "중심"을 의미하는 쿠톱으로 불립니다. 완전한 스승은 우주의 중심이 됩니다. 그는 자신이 온 우주가 끊임없이 돌고 있는 유일한 절대적이고 불변하는 중심점임을 알게 됩니다. 우주는 맷돌과 같고, 진리를 깨달은 스승은 그 중심 핀과 같습니다. 카비르가 말했듯이, 아무도 우주라는 이 맷돌에서 계속되는 영원한 분쇄를 벗어날 수 없습니다. 오직 스승만이 우주의 바로 그 중심에 있음에도 불구하고, 우주에서 일어나는 사건들에 상처받지 않습니다. 진리의 인간 각자는 중심에 있지만, 중심은 오직 하나입니다. 각자는 그 자신의 고유한 정체성(후스티)을 가지고 있습니다. 이 정체성의 핵심은 모든 것을 포함하는 진리와의 단일성을 흐리게 하거나 제한하지 않고, 진리로 화신한 긍정적인 신성한 개성의 핵심이 됩니다.

The Work of the Divine Hierarchy

The whole universe becomes the body of the Truth-realized Master. Others who do not know his real seat or functioning, may falsely identify him with his physical body, which they see in front of them with physical eyes. This physical body is only one among the innumerable bodies in which he knows himself as dwelling. His link with this particular body is in no way greater than with other existent bodies in the universe. The Perfect Masters live in all and feel equally for all. They can therefore coordinate all Divine Work of the Spiritual Hierarchy with wisdom and justice.

It is important to understand how the Universal Body of the Masters stands in relation to other bodies. The gross body is a sort of reflection of the subtle body. It is the exact counterpart of the subtle body. Or we might say that the subtle is a sort of gaseous impression of the gross. Such impression is in a very fine form in the mental body or the mind. The mental body is like a brilliant spark. When the souls, who have attained the supramental Truth, come back, they assume the Universal Mind, which has as its medium the Universal Body. Krishna showed this Universal Body to Arjuna. The Universal Body, sometimes called Mahakarana Sharira, is thinner than every other thing. It includes and embraces all the existing bodies and pervades the Universe. The Universal Body of the Master actually includes, in fact, all worlds and the whole creation. They are all in him.

신성한 하이어라키^{位階組織}의 일

온 우주는 진리를 깨달은 스승의 몸이 됩니다. 그의 진정한 자리나 기능을 알지 못하는 다른 이들은 육안으로 그들 앞에 보이는 그의 육신과 그를 거짓되게 동일시할 수 있습니다. 이 육신은 그가 자신이 거주하는 것으로서 알고 있는 무수한 몸 중 하나일 뿐입니다. 이 특별한 몸과 그의 연관성은 우주의 다른 존재하는 몸보다 결코 더 중요하지 않습니다. 완전한 스승은 모든 사람 안에 살고 모든 사람에 대해 동등하게 느낍니다. 그러므로 그들은 영적 하이어라키^{位階組織}의 모든 신성한 일을 지혜와 정의로 조정할 수 있습니다.

스승들의 우주적 몸이 다른 몸들과 어떤 관계에 있는지 이해하는 것이 중요합니다. 물질적인 몸은 일종의 기^氣적인 몸의 반영입니다. 그것은 기^氣적인 몸의 정확한 대응물입니다. 또는 기^氣적인 것은 물질적인 것의 일종의 기체적인 인상이라고 말할 수도 있습니다. 이러한 인상은 정신적인 몸이나 마음에 매우 미세한 형태로 존재합니다. 정신적인 몸은 찬란한 불꽃과 같습니다. 초월적 진리를 얻은 영혼들이 돌아올 때, 그들은 우주적 몸을 매개체로 하는 우주적 마음을 취합니다. 크리슈나는 이 우주적 몸을 아르주나에게 보여주었습니다. 때때로 마하카라나 샤리라라고도 불리는 우주적 몸은 다른 모든 것보다 더 얇습니다. 그것은 존재하는 모든 몸을 포함하고 수용하며 우주에 스며듭니다. 스승의 우주적 몸은 실제로 모든 세계와 전체 창조물을 포함합니다. 그것들은 모두 그분 안에 있습니다.

They are all within each soul; but each soul is not conscious of this because of ignorance. It is difficult to believe that huge mountains and forests and towns and even earths and worlds are within, but it is exactly so. The physical eye, which sees all these huge things, is small, yet, it sees them. It does not require huge eyes to see a huge mountain. The reason is that though the eye is small the soul that sees is greater and vaster than all the things which it sees. In fact, it is so great that it includes them all in itself. This does not become clear until the inner mental eye, which really sees through the physical eyes, is inverted.

It is not the physical eye that really sees. It is the mental eye which sees through the physical eye. It is not the physical ear which hears. It is the mind which hears through the ears. This mind, which is most aptly linked to the eye, is ordinarily extrospective, looking outwards and getting bound up with the things that it sees, But when this mental eye is inverted, the universe disappears; and the mind itself becomes the Truth. If the Truth-Mind is again turned towards the universe, it knows itself as permeating and including within its universal body the whole universe.

Through the Universal Body, the Truth-realized Master actually finds himself in the minds and the bodies of everyone. It is no difficult task to raise the greatest of sinners to the level of the greatest of saints. The person who plays with the kite and makes it fly freely in the skies, has in his hands the controlling end of the string. He can bring the kite down or allow it to soar as high as he pleases. Likewise, the Perfect Master is in possession of all the controls of the spiritual evolution of everyone.

Suppose it pleases the Truth-realized Master to raise an ordinary person to complete consciousness of the first plane. All that he has to do is to use the infinite energy of the Universal Body and draw his subtle tendency towards the first plane. Such working upon a mind which is entangled in the gross world and freeing it from its cherished bonds, can in itself be no more pleasing than vivisection by a surgeon.

그것들은 모두 각각의 영혼 안에 있지만, 각각의 영혼은 무지로 인해 이것을 의식하지 못합니다. 거대한 산과 숲과 마을, 심지어 대지와 세계들이 내면에 있다는 사실을 믿기는 어렵지만, 엄밀하게는 바로 그렇습니다. 이 모든 거대한 것들을 보는 육체의 눈은 작지만, 그럼에도 불구하고 그것들을 봅니다. 거대한 산을 보기 위해서 거대한 눈이 필요한 것은 아닙니다. 그 이유는 비록 눈은 작지만, 보는 영혼은 보이는 모든 것보다 더 크고 광대하기 때문입니다. 사실, 영혼은 그 자체로 그것들을 모두 포함할 정도로 너무나 광대합니다. 이것은 육신의 눈을 통해 실제로 보는 내면의 정신적인 눈이 반전될 때까지는 명확해지지 않습니다.

실제로 보고 있는 것은 육체의 눈이 아닙니다. 육체의 눈을 통해 보는 것은 정신적인 눈입니다. 듣는 것은 육체의 귀가 아닙니다. 귀를 통해 듣고 있는 것은 마음입니다. 눈과 가장 적절하게 연결된 이 마음은 보통 외향적이어서 밖을 바라보고, 보이는 것들에 얽매이지만, 이 정신적 눈이 반전되면 우주는 사라지고, 마음 그 자체는 진리가 됩니다. 진리의 마음이 다시 우주를 향하면, 그것은 자신의 우주적 몸 안에 전체 우주가 스며들어 있어서 그것을 포함하고 있음을 스스로 알게 됩니다.

진리를 깨달은 스승은 우주적 몸을 통해 실제로 모든 사람의 마음과 몸 안에 있는 자신을 발견합니다. 가장 큰 죄인을 가장 위대한 성자의 반열로 끌어올리는 것은 어려운 일이 아닙니다. 연을 가지고 놀며 그것을 하늘에서 자유롭게 날게 하는 사람은 손에 조종하는 줄의 끝을 가지고 있습니다. 그는 연을 끌어 내리거나 원하는 만큼 높이 날아오르게 할 수 있습니다. 마찬가지로 완전한 스승은 모든 사람의 영적 진화에 대한 모든 통제권을 소유하고 있습니다.

평범한 사람을 첫 번째 경지의 완전한 의식으로 끌어올리는 것이 진리를 깨달은 스승을 기쁘게 한다고 가정해 봅시다. 그가 해야 할 일은 우주적 몸의 무한한 에너지를 사용하여 그 사람의 기적인 성향을 첫 번째 경지로 끌어당기는 것뿐입니다. 물질적인 세계에 얽매여 있는 마음을 다루고 그러한 소중히 여기는 속박으로부터 마음을 자유롭게 하는 것은 본질적으로 외과 의사의 생체 해부보다 더 즐거울 수는 없습니다.

The surgeon removes an inflamed appendix by cutting its attachments to adjacent portions. The process in itself can hardly be a pleasure for him. But he does his duty with extreme patience and persistence, because he knows that it is necessary for the physical well-being of the patient. In the same way, the Master has to undertake the spiritual operation, when he uses his infinite skill, knowledge, power and patience disentangling a soul from its enmeshments. He can do so only because he is aware that what he does is for the real good and happiness of the soul on whom his grace has descended.

The ascending soul may experience much psychic agony. The Master is in sympathy with him and also knows himself as being in him; he cannot, therefore, himself escape the suffering involved in the ascent of the aspiring soul. But he is, in all that he does, sustained by his own infinite bliss of Truth-realization. It cannot remain in abeyance even for a moment. What he uses is his infinite knowledge and power and love. He does not use his bliss, which is his sustaining reservoir to fall back upon in all endeavors fraught with acute mental and spiritual suffering.

Though the Truth-realized Masters have at their disposal the infinite powers of the Universal body, they do not always perform miracles or take recourse to super-ordinary ways of action. The reason is that the law-makers cannot themselves be law-breakers. God has ordained certain laws for the universe. They are followed by the sun, moon and stars and everything that breathes. These laws are not binding for the God-realized ones. But they nevertheless respect and observe these God-ordained laws, because they have become one with God. In a sense, there is no such thing as a violation of any law. The so-called miracles are performed by using the hitherto unknown powers and forces which operate according to their own laws. The Masters do often perform miracles. But they do so strictly for spiritual purposes. And while doing so, they do not throw off the spiritual laws of the universe. They are above all laws. But even their super-ordinary achievements are according to the eternal Law of Truth.

외과 의사는 맹장에 인접한 부분의 부착물을 절개함으로써 염증이 생긴 맹장을 제거합니다. 그 과정 자체는 그에게 결코 기쁨이 될 수 없습니다. 그러나 그는 환자의 신체적 안녕을 위해 수술이 필요하다는 것을 알기 때문에, 극도의 인내와 끈기로 자신의 의무를 다합니다. 같은 방식으로, 스승은 자신의 무한한 기술, 지식, 힘, 인내를 활용하여 영혼을 그 얽힘으로부터 풀어 줄 때, 그는 영적인 수술을 착수해야 합니다. 그는 단지 자신이 하는 일이 그의 은총이 내려간 영혼의 진정한 선善과 행복을 위한 것임을 알고 있기에 그렇게 할 수 있습니다.

상승하는 영혼은 많은 정신적 고통을 경험할 수 있습니다. 스승은 그를 동정하며, 또한 자신을 그 안에 있는 존재로서 알고 있습니다. 그러므로 그는 열망하는 영혼의 상승과 관련된 고통에서 스스로 피할 수 없습니다. 그러나 그는, 그가 하는 모든 일에서 진리를 실현한 그 자신의 무한한 지복에 의해 지탱됩니다. 잠시도 보류 상태에 머물 수 없습니다. 그가 사용하는 것은 자신의 무한한 지식과 힘과 사랑입니다. 그는 극심한 정신적 고통과 영적 고통으로 가득 찬 모든 노력에 의지할 수 있는 그의 지속적인 저장고인 자신의 지복을 사용하지는 않습니다.

진리를 깨달은 스승은 우주적 몸의 무한한 힘을 마음대로 사용할 수 있지만, 그들이 항상 기적을 행하거나 평범함을 초월한 행동 방식에 의지하는 않습니다. 그 이유는 입법자가 스스로 위법자가 될 수 없기 때문입니다. 하나님은 우주를 위해 특정한 법칙을 제정했습니다. 그 법칙은 해, 달, 별 그리고 숨 쉬는 모든 것이 뒤따릅니다. 이 법칙은 하나님을 깨달은 사람들에게는 구속력이 없습니다. 그렇기는 하지만 그들은 하나님과 하나가 되었기 때문에, 하나님이 제정하신 이 법칙을 존중하고 준수합니다. 어떤 의미에서는 어떠한 법칙의 위반도 거기에는 없습니다. 소위 기적들은 그들 자신의 법칙에 따라 작동하는 지금까지 알려지지 않은 힘과 기운을 사용함으로써 행해집니다. 스승들은 종종 기적을 행합니다. 그러나 그들은 영적인 목적을 위해 아주 엄격하게 기적을 행합니다. 그리고 그렇게 하면서도 그들은 우주의 영적 법칙을 저버리지 않습니다. 그들은 모든 법칙 위에 있습니다. 그러나 그들의 지극히 평범한 성취조차도 영원한 진리의 법칙을 따릅니다.

The whole universe with all its laws is subject to the supreme Law of Truth. It is ever being administered impersonally as well as through the spiritual Hierarchy. To the superficial observer, it may seem that there is no reign of Truth in the universe. The truth does reign and reigns unceasingly and unfailingly. Even the insignificant business concerns and other private and public institutions have their laws and cannot function without laws. Much more so is it true of the universe. This vast universe, with all the multitudinous occurrences within it, is subject to some self-justifying law. Sometimes, it does appear as if sincere toil is lost or the virtuous are condemned to suffering and the vicious are enthroned with power or endowed with success. But all this is either a fractional view of the realities or an illusion in the garb of judgment.

To one who can take a complete and unclouded view of events, the inexorable reign of Truth in all happenings, great or small, individual or collective, is a clear and unchallengeable fact. The reign of Truth may be described in different ways as the Law of God or the Law of Justice or the Law of Karma. It is the Law of Cause and Effect or the Law of Divine Love, according to the angle of vision or the limiting perspective given by the particular standpoint of the intellect. But the important fact is that whatever may be the manner in which this Law of Truth is apprehended by the intellect, it unchallengeably exists. It is a supreme and self-justifying power, that unfailingly and irresistibly reigns in the universe and it has no exceptions. All seers have announced the reign of this Law of Truth. It operates both impersonally and through the conscious working of the Divine Hierarchy of Masters and their agents.

Though dwelling in the universal mind with its seat as the universal body, the Truth-realized Masters do not neglect the coordinative and organized working required for the execution of the Divine Plan. Their plans for the world are made far in advance of the times, sometimes centuries before the time when they are intended to be executed. They dwell in eternity; and they have in their view, the past, the present and the future.

그 모든 법칙과 함께 온 우주는 진리의 최상위 법칙에 지배를 받습니다. 그것은 영적 하이어라키를 통해서뿐만 아니라 비인격적으로도 항상 관리되고 있습니다. 피상적인 관찰자에게는 우주에 진리의 통치가 없는 것처럼 보일 수 있습니다. 진리는 끊임없이 그리고 변함없이 통치하고 다스리고 있습니다. 사소한 기업 조직과 다른 민간 및 공공 기관에도 법이 있으며, 법 없이는 기능할 수 없습니다. 그것은 우주에 대해서 훨씬 더 사실입니다. 이 광활한 우주는 그 안에서 일어나는 무수히 많은 사건과 함께, 어떤 자기-정당화 법칙의 지배를 받습니다. 때로는 성실한 노고가 손실되거나 덕德이 있는 사람이 고통을 받고, 사악한 사람이 권력을 잡거나 성공을 거두는 것처럼 보이기도 합니다. 그러나 이 모든 것은 현실을 단편적으로 바라본 것이거나 판단의 탈을 쓴 환상일 뿐입니다.

사건에 대해 완전하고 밝은 관점을 가질 수 있는 사람에게, 크든 작든, 개인적이든 집단적이든 모든 사건에서 진리의 냉혹한 통치는 분명하고 도전할 수 없는 사실입니다. 진리의 통치는 하나님의 법칙, 정의의 법칙 또는 카르마業報의 법칙으로서 다양한 방식으로 묘사될 수 있습니다. 지성의 특정한 관점에 의해 주어진 시각이나 제한적인 관점에 따라서, 그것은 원인과 결과의 법칙 또는 신성한 사랑의 법칙입니다. 그러나 중요한 사실은 이 진리의 법칙이 지성에 의해 이해되는 방식이 무엇이든 간에, 이 법칙은 의논의 여지 없이 존재한다는 점입니다. 그것은 영락없이 그리고 저항할 수 없이 우주를 다스리는 최고 권위와 자기를 정당화하는 힘이며 예외는 없습니다. 모든 선지자는 이 진리의 법칙에 대한 통치를 선언했습니다. 그것은 비인격적으로 그리고 스승들과 그들의 대리인[요원]들의 신성한 하이어라키의 의식적인 작업을 통해 작동합니다.

진리를 깨달은 스승들은 우주적 몸으로서의 그 자리와 함께 우주적 마음 안에 거하지만, 신성한 계획의 실행에 필요한 조정과 조직적인 일을 소홀히 하지 않습니다. 세상에 대한 그들의 계획은 시대를 훨씬 앞서, 때로는 그것들이 실행될 예정인 시기보다 몇 세기 전에 세워집니다. 그들은 영원 안에 거합니다. 그리고 그들은 자신들의 관점에서 과거, 현재 및 미래를 가지고 있습니다.

They are the custodians of God's process of self-fulfillment working itself out through the march of the variegated incidents in time.

The cooperative and organized working of the Perfect Masters expresses itself through the functioning of the Spiritual Hierarchy. The Masters, being one with the supreme Godhead, convey the Divine Will and Impulse to the advanced souls, Maha-Yogis or Pirs of the mental world. The advanced souls catch the impulse originating in the shoreless Truth and pass it on from the mental world to those who control the subtle world. In the gross world, it may manifest itself through many natural upheavals, e.g., earthquakes and volcanic eruptions, floods, changes in the structures of the ocean-bed. It may also manifest itself through the upheavals in the life of mankind (e.g., rise and downfall of empires, wars, epidemics, births, deaths, catastrophes and other major episodes in the history of humanity). All happenings in the history of humanity are subject to the Divine Plan, as released and implemented by the Perfect Masters through their Agents in the different worlds.

The causes of what becomes patently manifest in the gross world are to be found in the commotion in the subtle world. And the causes of the commotion in the subtle world are to be found in the directives that obtain from the mental world. And the origin of the directives of the mental world is seen as being none other than the Will of God, as released by the Masters who are consciously one with God. Thus the Masters are indirectly in charge of the execution of the Divine Plan. They make use of the infinite power and understanding to further that plan in all the three worlds. And their working gets particularly accelerated and coordinated during the Avataric Periods, when the Avatar as the inspiring force of the Divine Hierarchy, assumes the principal directive role in the divine task of giving a spiritual push to humanity.

그들은 시간 속에서 다양한 종류로 이루어진 사건들의 진행을 통해 스스로 해결하는 하나님의 자기 성취 과정의 관리인들입니다.

완전한 스승들의 협력적이고 조직적인 일은 영적 하이어라키의 기능을 통해 그 자체를 표명합니다. 최상위 신격神格과 하나인 스승들은 신성한 의지와 충동을 진보된 영혼들인 정신적 세계의 마하 요기[위대한 요가수행자] 또는 피어[6경지 순례자]들에게 전달합니다. 진보된 영혼들은 경계가 없는 진리에서 일어나는 충동을 포착하여 정신적인 세계에서 기氣적인 세계를 통제하는 이들에게 전달합니다. 물질적인 세계에서는 지진과 화산 폭발, 홍수, 해저 구조의 변화와 같은 많은 자연적 격변을 통해 나타날 수 있습니다. 그것은 또한 인류 생활의 격변(예를 들어, 제국의 흥망성쇠, 전쟁, 전염병, 탄생, 죽음, 재앙 및 기타 인류 역사의 주요 사건들)을 통해 나타날 수도 있습니다. 인류 역사에서 일어나는 모든 사건은 신성한 계획에 따르며, 완전한 스승들이 서로 다른 세계에 있는 자신들의 대리인[요원]을 통해 공개하고 실행합니다.

물질적인 세계에서 명백하게 드러나는 것의 원인은 기氣적인 세계의 동요에서 찾을 수 있습니다. 그리고 기氣적인 세계의 동요의 원인은 정신적인 세계로부터 받은 지시에서 찾을 수 있습니다. 그리고 정신적인 세계의 지시에 대한 발단은 다름 아닌 의식적으로 하나님과 하나인 스승들에 의해 공개되는 바로 하나님의 뜻으로 간주됩니다. 따라서 스승들은 신성한 계획의 실행을 간접적으로 담당합니다. 그리고 그들은 세 가지 세계 모두에서 그 계획을 추진하기 위해 무한한 힘과 이해력을 이용합니다. 그리고 그들의 일은 신성한 하이어라키에 대해 영감을 주는 힘으로서 아바타가 인류에게 영적 추진력을 주는 신성한 임무에서 중요한 지시 역할을 맡게 되는 아바타 시대에 특히 가속화되고 조정됩니다.

Secrets of Divine Working

Life often presents enigmas which cannot be unraveled by ordinary persons. It seems to them to be full of questions which are unanswerable. Unrestrained chaos appears to be the law of the world; and there appears to be no justice or significance in the march of its events. Even those who believe in God get puzzled and waver in their faith. But it is only impatience and lack of true vision that are responsible for such an outlook. We embrace ignorance and we fail to see that whatever life brings is charged with great meaning. God's ways are always unchallengeable and irresistible though they might be mysterious and inscrutable. The secrets of His working in the world cannot be truly understood even by advanced souls.

This may be brought out by means of an anecdote of a great saint, who is very much respected up to this day in all quarters of the world. Once upon a time, this saint encountered an angel and requested him to be allowed to be with him in his wanderings on earth, so that he may understand something of the secret workings of God.

The angel at once granted him permission to be with him and observe all his doings on earth. But he laid down his strict condition in the following words. "You are only to observe my doings (at any stage and in any way), without asking me the explanation for my actions.

신성한 일의 비밀

삶은 종종 평범한 사람들이 풀 수 없는 수수께끼들을 제시합니다. 그들에게는 대답할 수 없는 질문들로 가득 차 있는 것처럼 보입니다. 절제되지 않은 혼돈이 세상의 법칙인 것같이 보입니다. 그리고 그 사건들의 진행에는 정의나 의미가 없는 것처럼 보입니다. 하나님을 믿는 사람들조차도 당황하고 믿음이 흔들립니다. 그러나 그러한 전망의 원인은 조급함과 참된 비전의 부족일 뿐입니다. 우리는 무지를 받아들이고, 삶이 가져다주는 것은 무엇이든 큰 의미로 가득 차 있음을 보지 못합니다. 하나님의 방식은 신비롭고 헤아릴 수 없을지라도, 언제까지나 도전할 수 없고 저항할 수 없습니다. 세상에서 그분이 하시는 일의 비밀은 아무리 진보된 영혼이라도 진정으로 이해할 수 없습니다.

이것은 오늘날까지 세계의 모든 지역에서 매우 존경받는 위대한 성자의 일화를 통해 알 수 있습니다. 옛날 옛적에 이 성인은 천사를 만나 자신이 하나님의 비밀스러운 일들에 대해 이해할 수 있도록, 천사가 지상에서 돌아다니는 동안 천사와 함께 할 수 있도록 허락해 달라고 요청했습니다.

천사는 즉시 그에게 자신과 함께 있으면서 지상에서 그가 하는 모든 일을 관찰하는 것을 허락했습니다. 그러나 천사는 다음과 같은 말로 엄격한 조건을 제시했습니다. "당신은 내 행동에 대한 설명을 나에게 묻지 않고, 단지 내가 하는 일들을 (어떤 단계와 어떠한 방식으로든) 관찰만 해야 합니다.

You would not be able to judge and understand God's ways. Even if you are not able to understand them, you must not ask me the why of all that you see me do, while you are with me." The saint promised that he would merely observe and that he would not pester him with any questions even if such questions arose in his mind. Only then was he allowed to follow the angel in his wanderings on earth.

Once they got into a boat to cross the sea. The boatman offered his services to them without charging them his usual fare; just because it pleased him to help them. When the boat was in the midst of the ocean, the angel took off one side-plank from the framework of the boat and threw it away in the water. The saint at once got worried and exclaimed, "Why are you damaging the boat? Shall we not all be drowned along with the boat?" The angel reminded him that he had already agreed not to ask him any questions whatsoever and asked him to remain quiet.

After landing, they came upon an Arab youth. To the utter bewilderment of the saint, the angel at once killed the youth on the spot. The saint found it very difficult to remain quiet and asked him excitedly, "Why did you kill that growing life?" At this, the angel replied, "Did I not tell you that you would not be able to understand God's working? You must keep to your promise that you will not ask any questions." The saint realized that he had failed to fulfill the condition which he had accepted; and he wanted to be excused.

Then they both came to a village where they requested the villagers to give them some food. But the villagers only treated them contemptuously and drove them away without giving them alms. When they came to the outskirts of the village, they saw a dilapidated wall in ruins, which was intended to protect the village from the invasions of enemies. The angel went to the wall and repaired it, spending much of his valuable time.

당신은 하나님의 방식들을 판단하고 이해할 수 없을 것입니다. 당신이 그것들을 이해할 수 없을지라도, 나와 함께 있는 동안 당신이 보는 내가 하는 모든 일의 이유를 나에게 물어서는 안 됩니다." 성자는 단지 지켜보기만 할 것이고 자신의 마음속에 그러한 의문들이 떠오르더라도 어떤 질문으로도 그를 괴롭히지 않겠다고 약속했습니다. 그런 다음에야 그는 지상에서 돌아다니는 천사를 따라가는 것이 허용되었습니다.

한때 그들은 바다를 건너기 위해 배를 탔습니다. 뱃사공은 그들을 돕는 일이 오로지 자신을 기쁘게 하므로, 평소의 요금을 받지 않고 그들에게 자신의 봉사를 제공했습니다. 배가 바다 한가운데에 이르렀을 때, 천사는 배의 구조물에서 측면 판자 하나를 떼어 내어 물속에 던져 버렸습니다. 성자는 즉시 걱정스러워하며 큰 소리로 물었습니다. "왜 배를 훼손시킵니까? 우리 모두 배와 함께 물에 빠져 죽지 않을까요?" 천사는 그에게 무슨 일이 있어도 자신에게 어떤 질문도 하지 않기로 이미 동의했다는 사실을 상기시키면서 잠자코 있으라고 요청했습니다.

도착한 후에 그들은 아랍 청년을 우연히 만났습니다. 성자를 완전히 당황하게 한 천사는 그 자리에서 그 젊은이를 즉시 죽였습니다. 성자는 잠자코 있기가 매우 어렵다는 것을 알고 흥분해서 그에게 물었습니다. "왜 당신은 그 성장하는 생명을 죽였습니까?" 이에 천사가 대답했습니다. "내가 당신에게 당신은 하나님의 일을 이해할 수 없을 것이라고 말하지 않았습니까? 당신은 어떤 질문도 하지 않겠다는 자신의 약속을 지켜야 합니다." 성자는 자신이 수락한 조건을 이행하지 못했다는 것을 깨닫고 용서받기를 원했습니다.

그러고 나서 그들은 둘 다 마을에 이르러 마을 사람들에게 음식을 좀 나눠달라고 부탁했습니다. 그러나 마을 사람들은 그들을 경멸하는 태도로 대할 뿐, 그들에게 보시는 하지 않고 내쫓았습니다. 마을 외곽에 도착했을 때, 그들은 폐허가 된 다 허물어져 가는 성벽을 보았는데, 그것은 적의 침략으로부터 마을을 보호하기 위한 것이었습니다. 천사는 성벽으로 가서 성벽을 수리하면서 자신의 귀중한 시간을 많이 보냈습니다.

Again, the saint could not contain himself and asked, "Why did you repair that wall for the villagers who did not even give alms to us? You have done this labor of love for nothing. For so much labor in the village, we would easily have got sufficient remuneration to procure food and allay our hunger."

To this, the angel replied, "You have again asked a question in spite of your having promised merely to observe and keep quiet. It is no use divulging the secrets of God's ways prematurely. It requires the greatness and patience of God to understand His working. You have tried to pry into God's secrets, which you must not divulge. It is now time for us to part. But never mind. Before we part, I will explain to you the reasons for my deeds."

"The boatman is a poor but pious man. When I took away a side-plank of the boat from a prominent place in its framework, I knew that a king of robbers was approaching in that direction. This robber-king was collecting new and efficient boats to carry on his plunders and whenever he saw a good boat, he would snatch it away from the owners. However, he left untouched any boats which were in a broken and dilapidated condition. I took away a huge side-plank in order that the boat may look uninviting. Otherwise, the pious and poor boatman would be relieved of the only means of his livelihood.

Now the Arab youth whom I killed was notorious and vicious. If he had lived, he would not only have perpetrated heinous crimes, but would surely have brought upon his pious parents an agonizing blasphemy, which they in no way merited. It was the will of divine providence that I should kill this Arab youth in order to save him from further sins and save his parents from the suffering of undeserved ill-fame.

다시, 성자는 참을 수 없어서 물었습니다. "당신은 왜 우리에게 보시도 하지 않은 마을 사람들을 위해 그 성벽을 수리했습니까? 당신은 이 사랑의 수고를 헛되이 한 것입니다. 마을에서 그렇게 많은 수고를 했다면, 우리는 쉽게 식량을 마련하고 굶주림을 달랠 수 있는 충분한 보수를 쉽게 받았을 것입니다."

이에 천사가 대답했습니다. "당신은 단지 관찰하고 조용히 하기로 약속했음에도 불구하고 또다시 질문을 했습니다. 하나님의 방식들에 대한 비밀을 섣불리 누설하는 것은 아무 소용이 없습니다. 그분의 일을 이해하기 위해서는 하나님의 위대함과 인내가 필요합니다. 당신은 누설해서는 안 되는 하나님의 비밀을 캐내려고 애썼습니다. 이제 우리가 헤어져야 할 시간입니다. 그러나 걱정하지 마세요. 우리가 헤어지기 전에, 나는 당신에게 나의 행동에 대한 이유를 설명하겠습니다."

"그 뱃사공은 가난하지만 경건한 사람입니다. 내가 배의 구조물의 눈에 잘 띄는 곳에서 배의 측면 판자 하나를 떼어 냈을 때, 나는 도적들의 왕이 그 방향으로 다가오고 있다는 것을 알았습니다. 이 도적의 왕은 약탈한 물품들을 실어 나를 수 있는 새것이면서 효율적인 배들을 모으고 있었고, 좋은 배를 볼 때마다 그는 그것을 배 주인으로부터 빼앗아 가곤 했습니다. 하지만 부서지고 낡아빠진 상태에 있는 여느 배들은 손대지 않은 채로 그대로 두었습니다. 나는 배가 마음에 들지 않게 보일 수 있도록 커다란 측면 판자 하나를 떼어 냈습니다. 그렇지 않았으면, 경건하고 가난한 뱃사공은 자신의 유일한 생계 수단을 빼앗겼을 것입니다.

이제 내가 죽인 아랍 청년은 악명 높고 사악했습니다. 그가 살았다면, 그는 극악무도한 범죄를 저질렀을 뿐 아니라, 분명히 그의 경건한 부모에게 고통스러운 신성 모독을 안겨주었을 것이 분명한데 이는 결코 합당하지 않습니다. 내가 이 아랍 청년을 죽여 더 이상의 죄로부터 그를 구하고, 그의 부모를 부당한 악평의 고통으로부터 구해야 하는 것은 신성한 섭리의 뜻이었습니다.

Now coming to the repairs of the wall. Be it known to you that one pious man has kept buried under it his valuable treasure with a desire that it may be of use to his sons. But, it is God's will that his sons must get that treasure when they grow up and that no one else should get it. If the dilapidated wall had further fallen, the treasure was in danger of being exposed to the sight of the wicked villagers, who would surely have taken possession of that treasure for themselves."

"Rest assured that all I did, which was your special privilege to observe, was not on my own accord or initiative but by the orders of our Divine Father whose real greatness even we as angels can only partially understand. God's ways might be inscrutable to the world, but His love for the world is unbounded and His justice is unfailing." With these words the angel parted, leaving the saint in deep contemplation. And the saint decided to live in complete resignation to God's will even when his limited intellect could not understand its real meaning.

Those with unclouded vision see the significance of all that life brings, in terms of the irresistible law of truth. They accept life as it is without bitterness or dissatisfaction. For them, the truth which they see and realize is enough. It stands fully self-justified. The Masters often are full of praise for the value and glory of that truth which they have realized. They say to the worldly-minded persons, "Truth alone has value. Leave all your false pursuits and attain the truth for yourself, even as we have realized it. There is no need for you to despair and no excuse for your postponing the effort to get at the truth."

This is just like some wealthy man who would press all poverty-stricken persons to earn money and encourage them by his own example. The praise which a wealthy man showers on wealth stands justified, because it actuates the poor people to become industrious and themselves become rich.

이제 성벽 수리로 갑니다. 한 경건한 사람이 자신의 소중한 보물이 그의 아들들에게 도움이 되기를 바라는 마음으로 그것을 성벽 밑에 묻어 두었다는 사실을 당신은 알아 두세요. 그러나 하나님의 뜻은 그의 아들들이 자라서 그 보물을 얻어야 하고, 다른 누구도 그것을 가져서는 안 된다는 것입니다. 만약 다 허물어져 가는 성벽이 더 무너졌다면, 그 보물은 사악한 마을 사람들의 눈에 노출될 위험이 있었고, 그들은 틀림없이 자신들을 위해 그 보물을 차지했을 것입니다."

"당신이 관찰할 수 있는 특별한 특권이었던 내가 한 모든 일은 자발적이거나 나의 계획에 따른 것이 아니라, 우리 천사들조차 그 진정한 위대함을 부분적으로만 이해할 수 있는 우리의 신성한 아버지의 명령으로 한 것임을 확신해도 됩니다. 하나님의 방식은 세상 사람들에게는 불가해할 수도 있지만, 세상에 대한 그분의 사랑은 끝이 없고, 그분의 공의公義는 언제나 변함이 없습니다." 이 말과 함께 천사는 깊은 묵상에 잠긴 성자를 남겨두고 떠났습니다. 그리고 성자는 자신의 제한된 지성이 그 진정한 의미를 이해할 수 없을 때조차도 하나님의 뜻에 완전히 복종하며 살기로 결심했습니다.

밝은 시각을 가진 사람들은 거부할 수 없는 진리의 법칙의 관점에서 삶이 가져다주는 모든 것의 중요성을 봅니다. 그들은 괴로움이나 불만 없이 삶을 있는 그대로 받아들입니다. 그들에게는 자신들이 보고 깨달은 진리만으로도 충분합니다. 그것은 완전히 자기 정당화입니다. 스승들은 종종 그들이 깨달은 그 진리의 가치와 영광에 대해서 칭송이 자자합니다. 그들은 세속적인 마음을 가진 사람들에게 말합니다. "진리만이 가치가 있습니다. 우리가 깨달은 것처럼, 여러분의 모든 거짓된 추구를 버리고 스스로 진리에 도달해야 합니다. 여러분은 절망할 필요도 없고 진리에 도달하기 위한 노력을 미루는 것에 대해 변명의 여지도 없습니다."

이것은 마치 가난에 시달리는 모든 사람에게 돈을 벌라고 압박을 가하고, 자신의 본보기로 그들을 격려하는 몇몇 부유한 사람과 같습니다. 부유한 사람이 부에 대하여 쏟아붓는 찬사는 가난한 사람들이 부지런해지고 스스로 부자가 되도록 자극하기 때문에 정당합니다.

Similarly the praise which the Master bestows upon the supreme value of God-realization also stands justified because it inspires and encourages others to seek and strive for the highest state. They praise God-realization to encourage others who are in bondage and not for themselves.

The world sometimes praises wealthy persons. But really speaking, it is not praising these persons, but only their wealth. In the same way, the world praises the Masters, who are stationed in the highest truth. But in doing so, the world is not really praising the Masters themselves, but only the truth which they have. There is no reason for the world to begrudge their praise. So far as the Masters themselves are concerned, they accept praise and blame with the same equanimity. For them, praise and blame are alike. They are supremely indifferent to both, being keen only about their divine duty of helping men to attain the truth by renouncing all cravings.

When the mind of man becomes conscious of its enslavement to the dispositional cravings to which it is subject, there arises a new force, the spiritual aspiration to realize that unlimited state which is like conscious sleep. Such aspiration is like a breeze that creates fire by union with other things. The generation of this dynamically creative energy is symbolized by the rising flame of consciousness. Therefore, worship and prayer are offered to fire in many religions. God as the Sun of Light can never be realized except through the aspirational fire of striving consciousness.

The Masters are constantly fanning the fire of spiritual aspiration. This is true worship and consecration of life to God as Truth. The divine task of the Masters is inscrutable for those who wish to understand it in terms of the world, because it directly counterbalances the dispositional inclinations by which the world is rigorously driven. Divine working sometimes appears ruthless and inexplicable. Its significance cannot be understood by those who are immersed in the world.

마찬가지로 스승이 신성실현神性實現이라는 최고의 가치에 부여하는 찬사도 다른 사람들이 최고의 상태를 추구하고 그것을 얻기 위해 노력하도록 영감을 주고 격려하기 때문에 정당합니다. 그들은 자신을 위해서가 아니라 속박에 빠진 다른 사람들을 격려하기 위해 신성실현神性實現을 찬양합니다.

세상은 때때로 부유한 사람들을 칭찬합니다. 그러나 실제로는 이러한 사람들을 칭찬하는 것이 아니라, 단지 그들의 부富를 칭찬하는 것입니다. 마찬가지로 세상 사람들은 가장 높은 진리 안에 있는 스승들을 찬양합니다. 하지만 그렇게 함으로써, 세상 사람들은 실제로 스승들 자신을 찬양하는 것이 아니라, 오직 그들이 가진 진리를 찬양하는 것입니다. 세상 사람들은 그들에 대한 찬사를 시기할 이유가 없습니다. 스승들 자신에 관한 한, 그들은 찬사와 비난을 똑같이 침착하게 받아들입니다. 그들에게 찬사와 비난은 동등합니다. 그들은 두 가지 모두에 대해 극도로 무관심하며, 사람들이 모든 갈망을 버림으로써 진리를 성취하도록 돕는 그들의 신성한 의무에 대해서만 열중합니다.

인간의 마음이 자신이 지배받는 기질적 갈망의 노예가 되었다는 것을 의식하게 될 때, 의식적인 잠과 같은 무한한 상태를 실현하려는 영적 열망인 새로운 힘이 발생합니다. 그러한 열망은 다른 것들과 결합하여 불을 일으키는 미풍과도 같습니다. 이 역동적인 창조 에너지의 생성은 상승하는 의식의 불꽃으로 상징됩니다. 그러므로 많은 종교에서는 불을 지피기 위해 예배와 기도를 드립니다. 빛의 태양으로서의 하나님은 노력하는 의식의 열망하는 불을 통하지 않고는 결코 실현될 수 없습니다.

스승들은 끊임없이 영적 열망의 불에 부채질하고 있습니다. 이것이 진정한 예배이며, 진리인 하나님께 생명을 바치는 것입니다. 스승들의 신성한 임무는 세상의 관점에서 그것을 이해하고자 하는 사람들에게는 불가해합니다. 왜냐하면 그것은 세상을 엄격하게 움직이는 기질적 성향들을 직접적으로 상쇄하기 때문입니다. 신성한 일은 때때로 무자비하고 설명할 수 없는 것처럼 보입니다. 세상에 몰두하고 있는 사람들은 그 의미를 이해할 수 없습니다.

From Suffering to Peace

There is suffering in life. It can degrade or elevate man according to the manner in which he meets it and the use that he makes of it. If it is intelligently understood and dealt with radically and not merely superficially, it brings in its wake that understanding which leads to happiness. For, instead of merely complaining against suffering, man then turns to removing radically the deep-rooted ignorance which inevitably brings such suffering. When suffering leads to real and eternal happiness by inviting our attention to the Truth, it should not be avoided. The lessons which it brings should not be spurned. They should be squarely faced. You must summon courage to strike at the ignorance from which such suffering sprouts. It is to eliminate suffering that suffering has come.

People suffer because they are not satisfied. They want more and more. Ignorance gives rise to greed and vanity. If you want nothing you would not suffer. But you do want something or other. If you were really free from all want, you would not suffer even in the jaws of a lion.

고통에서 평화로

삶에는 고통이 있습니다. 고통은 인간이 그것에 대응하는 태도와 그것을 활용하는 방식에 따라 인간을 타락시키거나 고양시킬 수 있습니다. 만약 고통을 단순히 표면적이 아니라 지적으로 이해되고 근본적으로 다루어진다면, 그 이해가 행복으로 이어지는 여파를 가져올 수 있습니다. 왜냐하면 사람은 단지 고통에 맞서 불평하는 대신에, 그때 필연적으로 그러한 고통을 초래하는 뿌리 깊은 무지를 근본적으로 제거하는 쪽으로 전환하기 때문입니다. 고통이 우리의 관심을 진리로 쏠리게 함으로써 참되고 영원한 행복으로 인도할 때, 그것을 피해서는 안 됩니다. 고통이 가져다주는 교훈을 외면해서는 안 됩니다. 그것들은 정면으로 마주해야 합니다. 그러한 고통이 싹트는 무지에 맞서기 위해서는 용기를 내야 합니다. 고통이 온 것은 고통을 없애기 위해서입니다.

사람들은 만족하지 못하기 때문에 고통을 겪습니다. 그들은 점점 더 많은 것을 원합니다. 무지는 탐욕과 허영심을 낳습니다. 여러분이 아무것도 원하지 않는다면 고통받지 않을 것입니다. 그러나 여러분은 무엇인가 또는 다른 것을 원합니다. 여러분이 정말로 모든 욕망에서 자유롭다면, 여러분은 심지어 사자의 턱 속에서도 고통받지 않을 것입니다.

The universal discontent in modern life is due to the great gulf between theory and practice, between the ideal and its realization in life. The spiritual and the material aspects of life are widely separated from each other. They ought to be inseparably united with each other. There is no fundamental opposition between spirit and matter or between life and form. The apparent opposition is due to wrong thinking.

There is no escape from suffering as long as there is the limited ego. But the ego can be eliminated through love and service. The elimination of the ego leads to divine consciousness, in which there is freedom from suffering and joy. All moral and religious practices are intended to eliminate the ego. The more you live for others and the less for yourself, the less binding are your desires which lead you to unending suffering. The fewer desires you have, the thinner is your veil of ignorance, constituting the ego.

The root of all sufferings, individual or social, is self-interest. Eliminate self-interest and you will solve all problems and difficulties. Cults, creeds, dogmas, religious rites and ceremonies or lectures and sermons can never bring radical relief from suffering. If suffering and chaos are to disappear and real happiness and peace are to come in their place, there has to be selfless love and universal brotherhood.

현대 생활의 보편적 불만은 이론과 실천, 이상과 삶에서의 그 실현 사이의 큰 격차 때문입니다. 삶의 영적 측면과 물질적 측면은 서로 크게 분리되어 있습니다. 그들은 서로 뗄 수 없이 결합되어야 합니다. 영(靈)과 물질 사이 또는 생명과 형태 사이에는 근본적인 대립이 없습니다. 외견상의 대립은 잘못된 생각 때문입니다.

제한된 에고가 있는 한 고통에서 벗어날 수 없습니다. 그러나 에고는 사랑과 봉사를 통해 제거될 수 있습니다. 에고의 제거는 고통과 기쁨으로부터의 자유가 있는 신성한 의식으로 이어집니다. 모든 도덕적, 종교적 실천은 에고를 제거하기 위한 것입니다. 다른 사람들을 위해 더 많이 살고 자기 자신을 위해 덜 살수록, 여러분을 끝없는 고통으로 이끄는 욕망의 구속력이 줄어듭니다. 욕망이 적을수록 에고를 구성하고 있는 무지의 베일은 얇아집니다.

개인적이든 사회적이든 모든 고통의 뿌리는 이기심입니다. 이기심을 제거하면 모든 문제와 어려움을 타개할 수 있습니다. 숭배, 교리, 신조, 종교의식 및 의례 또는 강의 및 설교는 결코 고통으로부터 근본적인 구제를 가져올 수 없습니다. 고통과 혼돈이 사라지고 그 자리에 진정한 행복과 평화가 찾아오려면, 사심 없는 사랑과 보편적인 형제애가 있어야 합니다.

Part II

The Nature of the Soul

If you ask a man returning from a garden the question, "Where were you?", he would without any hesitation ordinarily reply, "I was in the garden." He sees himself as his own physical body and believes himself to be the body. He also sees the garden with the physical eyes and believes that the garden really exists. So, his reply about his whereabouts is quick and prompt. But though he is so definite about the truth of his reply, what he believes is nevertheless not ultimately true.

Man sees certain things and therefore concludes that they exist. But there are many things, which we do not see; and yet they are there with us, all the same. For example: anger, kindness, love, jealousy and so on, which exist in man, may not be visible to the physical eye; but they do exist. What man can see for himself with his own physical eyes is limited to the external physical body of another person. Even X-Ray exposure will only show the interior of the physical body and will not be able to show the mental thoughts, feelings and desires, which that person may be entertaining within himself. But though a man cannot see these mental realities, he can feel them, if he lives with that person for some days.

2부

영혼의 본성

    여러분이 정원에서 돌아오는 사람에게 "어디에 있었습니까?"라고 묻는다면, 그는 보통 주저 없이 "정원에 있었어요."라고 대답할 것입니다. 그는 자신을 자기의 육체로 보고, 자신이 육체라고 믿습니다. 그는 또한 육체의 눈으로 정원을 보고, 정원이 실제로 존재한다고 믿습니다. 그래서 자신의 행방에 대한 그의 대답은 빠르고 신속합니다. 그러나 그는 자기 대답의 진실성에 대해 그렇게 확신하지만, 그럼에도 불구하고 그가 믿는 것은 궁극적으로 진실이 아닙니다.

    인간은 특정 사물을 보고 그것들이 존재한다고 결론을 내립니다. 그러나 우리가 보지 못하는 많은 것들이 있지만 그것들은 여전히 우리와 함께 존재합니다. 예를 들어, 사람 안에 존재하는 분노, 친절, 사랑, 질투 등은 육안으로는 보이지 않을 수 있지만 실제로는 존재합니다. 사람이 자신의 육안으로 볼 수 있는 것은 다른 사람의 외적인 육체에 국한됩니다. 심지어 엑스레이 노출도 육체의 내부만 보여 줄 뿐 그 사람이 내면에서 즐기고 있는 정신적 생각, 감정, 욕망을 보여 줄 수는 없습니다. 그러나 사람이 이러한 정신적 실체들을 볼 수는 없지만, 그 사람과 얼마 동안 함께 살면 그것들을 느낄 수 있습니다.

After staying with that person for some time, he might be able to say that he is jealous or kind and so on.

Ordinary man has some degree of power to understand these mental realities in others. But his arriving at that understanding is neither quick nor necessarily accurate or definite, as it often is mostly inferred from external physical things.

But it is possible to develop this understanding of mental realities in such a manner that it becomes quick, definite and accurate. It is possible for an advanced man to know directly and unmistakably the character and tendencies of another person merely by looking at him. But such power is very rare.

Ordinarily, a man gathers the knowledge of the minds of others gradually through association with them. And when we want to know anything about another person, we not only want to know about his physical body, but also about his mental life of thoughts, feelings and desires.

Man's curiosity is not restricted to the present. The mind often asks questions about the future, i.e. "What is going to happen tomorrow?" Future is a sealed book for the majority of persons. The forecasts do not interest the matter-of-fact persons who believe only their own eyes and none else. From morning till night nothing happens in their life to make them seek the higher perception, which has a direct access to the minds of others or which has a sure view of the future.

But even in the life of ordinary matter-of-fact persons, certain things happen and truly call forth interest and investigation. When a man sleeps, he stretches his body and closes his eyes.

그 사람과 얼마 동안 지내다 보면, 그가 질투심이 많다거나 친절하다 등의 말을 할 수 있을 것입니다.

보통의 사람은 다른 사람들의 이러한 정신적 실체들을 이해할 수 있는 어느 정도의 힘을 가지고 있습니다. 그러나 이러한 이해에 도달하는 것은 주로 외부의 물리적인 것들로부터 추론되기 때문에, 신속하지도 않고 반드시 정확하거나 확실하지도 않습니다.

그러나 정신적 실체들에 대한 이러한 이해를 빠르고 명확하고 정확해지는 방식으로 발전시키는 것이 가능합니다. 진보된 사람은 단지 다른 사람을 보는 것만으로도 그 사람의 성격과 성향을 직접적으로 그리고 분명하게 알 수 있습니다. 그러나 그러한 능력은 매우 드뭅니다.

대개 사람은 다른 사람과의 교제를 통해 점진적으로 그들의 마음에 대한 지식을 수집합니다. 그리고 우리가 다른 사람에 대해 무언가를 알고 싶을 때, 우리는 그의 육체뿐만 아니라 그의 생각, 감정, 욕망의 정신적인 삶에 대해서도 알고 싶어 합니다.

사람의 호기심은 현재에만 국한되지 않습니다. 마음은 종종 미래에 대한 질문을 던집니다. 즉, "내일 무슨 일이 일어날까?"와 같은 질문입니다. 미래는 사람들 대다수에게 봉인된 책과 같습니다. 예측은 오직 자기의 눈만 믿고 다른 누구도 믿지 않는 사실적인 사람들의 관심을 끌지는 못합니다. 아침부터 밤까지 그들의 삶에서는 다른 사람들의 마음에 직접적으로 접근하거나 미래에 대한 확실한 전망을 가진 더 높은 인식을 추구하도록 만드는 어떤 일도 일어나지 않습니다.

하지만 평범한 사실적인 사람들의 삶에서도, 어떤 일들이 일어나서 진정으로 관심과 탐구를 불러일으킵니다. 사람은 잠을 잘 때, 몸을 펴고 눈을 감습니다.

Slowly he forgets his surroundings completely. But he may begin to dream about wandering somewhere else. Some of these wanderings, which come as dreams, are not purely imaginative constructions of the mind.

They often stand for actual journeys undertaken by the soul in the astral body. These wanderings in the astral body may be far and wide. In fact, there is no mountain which is too high, no sea which they cannot cross. These wanderings of the astral body are sometimes recollected in wakefulness as dreams. The astral body has a will and a power of its own. Actions, which are impossible for the gross body, are easily done in the astral body. After some time these wanderings might cease. Then deep sleep overtakes a person, who now experiences and feels nothing. It is necessary to pass through this complete self-forgetfulness in order to have rest and feel fresh for the next day.

It is ordinarily not possible for a person to experience waking and dream at one and the same time. In the awake state he does ordinary things; but he does them with definiteness and full knowledge. In dreams, he may perform extraordinary things; but he does them with faint knowledge. Rarely, as in advanced persons, the wake and the dream are experienced simultaneously; and the extra-ordinary achievements of the astral body are clear and definite. In the same way, it is possible for very advanced persons to experience waking and sleep at one and the same time. If both are combined, a person can consciously experience in the awake state the unconditioned and unalloyed happiness of sound sleep.

Saints can help men to combine the awake state with the dream state on the one hand and with sleep on the other hand.

서서히 그는 자신의 주변 환경을 완전히 잊어버립니다. 그러나 그는 어딘가 다른 곳에서 방랑하는 꿈을 꾸기 시작할 수 있습니다. 꿈으로 다가오는 이러한 방랑 중 일부는 순전히 마음의 상상적 구성물이 아닙니다.

그것들은 종종 아스트랄체로 영혼이 수행하는 실제 여행을 나타냅니다. 아스트랄체에서의 이러한 방랑은 아득하고 광범위할 수 있습니다. 사실 너무 높은 산도, 건너지 못할 바다도 없습니다. 아스트랄체의 이러한 방랑은 때때로 깨어 있는 상태에서 꿈으로 회상됩니다. 아스트랄체는 그 자체의 의지와 힘을 가지고 있습니다. 육체에서는 불가능한 행동도 아스트랄체에서는 쉽게 할 수 있습니다. 어느 정도 시간이 지나면 이러한 방랑이 멈출 수 있습니다. 그런 다음 깊은 잠이 사람을 덮치고, 이제 그는 아무것도 경험하고 느끼지 못합니다. 다음 날을 위해 휴식을 취하고 상쾌함을 느끼기 위해서는 이 완전한 자기 망각을 통과하는 것이 필요합니다.

일반적으로 사람이 깨어 있는 것과 꿈을 동시에 경험하는 것은 불가능합니다. 깨어 있는 상태에서 그는 평범한 일들을 하지만, 그 일은 확실성과 충분한 지식을 가지고 행합니다. 꿈에서 그는 비범한 일들을 행할 수 있지만, 그 일은 희미한 지식으로 행합니다. 진보된 사람들처럼 깨어 있음과 꿈이 동시에 경험되는 것은 드물고, 아스트랄체의 비범한 성취들은 명확하고 확실합니다. 같은 방식으로, 아주 진보된 사람들은 깨어 있는 상태와 잠자는 상태를 동시에 경험할 수 있습니다. 두 가지가 결합될 경우, 사람은 깨어 있는 상태에서 숙면의 절대적이고 진실한 행복을 의식적으로 경험할 수 있습니다.

성자들은 사람들이 깨어 있는 상태를 한편으로는 꿈의 상태와 결합하고 다른 한편으로는 수면 상태와 결합하도록 도울 수 있습니다.

The combinations can be effected also by yogic processes. But the state of full self-forgetfulness and complete bliss is a gift from a spiritual Master. The man who can combine dreaming and wakefulness is a bit more advanced than one who cannot combine these two states. But he is as much in the realm of imagination as the person of ordinary caliber.

But the man who can combine waking with sleeping attains the Truth and becomes the Truth. For him, the world does not exist; all that exists is God and nothing else. If you ask such a person, "Where were you?", he would truthfully answer, "I always was everywhere, am everywhere and shall always be everywhere." He knows himself to be other than his body and knows himself to be the Truth, which is everywhere. Therefore, from the point of view of his highest experience, he will, with unshakable certainty, affirm that he is and always was everywhere. It cannot even occur to him that he was in the garden, because he is not even conscious of his body. This knowledge and experience is very rare. But it is nevertheless the last truth of life.

As soon as the Self comes out of a tiny point, it descends in illusion and starts its journey in the world. Even advanced yogis, with all their supernatural powers, remain under the sway of illusion. They are bewildered and enraptured by the inner planes and become the victims of illusions. They are like ordinary persons, conscious of the shadow or reflection of the Self and not of the Self. But as soon as they disentangle themselves from the allurements of the planes, they return to and enter the initial tiny point from which the soul emerged on its long journey. At this stage, the yogi experiences that the whole universe is coming out of himself. But as he succeeds in going beyond this point (often called the "Om" point) he becomes completely unconscious of the whole universe. For him, there are no forms, but only the Eternal Reality; and there are no fleeting joys or sorrows, but only the abiding bliss. This is the Truth or the import of sleeping wakefulness or waking sleep.

그 결합은 요가 과정에 의해서도 달성될 수 있습니다. 그러나 완전한 자기 망각과 완전한 지복의 상태는 영적 스승으로부터의 선물입니다. 꿈과 깨어 있음을 결합할 수 있는 사람은 이 두 상태를 결합할 수 없는 사람보다 조금 더 진보된 사람입니다. 그러나 그는 평범한 사람만큼이나 상상의 영역에 있습니다.

그러나 깨어 있는 것과 잠자는 것을 결합할 수 있는 사람은 진리를 성취하고 진리가 됩니다. 그에게 세상은 존재하지 않으며, 존재하는 모든 것은 오직 하나님뿐이고 다른 것은 없습니다. 여러분이 그런 사람에게 "당신은 어디에 있었습니까?"라고 묻는다면, 그는 "나는 항상 어디에나 있었고, 어디에나 있으며, 항상 어디에나 있을 것입니다"라고 정직하게 대답할 것입니다. 그는 자신이 그의 몸이 아닌 다른 존재임을 알고 있으며, 그 자신이 어디에나 있는 진리임을 압니다. 그러므로 그의 가장 높은 경험의 관점에서, 그는 흔들리지 않는 확신을 가지고, 자신이 어디에나 있고 항상 있었다는 것을 단언할 것입니다. 그는 심지어 자신의 몸을 의식하지 않기 때문에, 자신이 정원에 있었다는 사실조차 생각날 수 없습니다. 이러한 지식과 경험은 매우 드뭅니다. 하지만 그럼에도 불구하고 그것은 삶의 마지막 진리입니다.

참나가 아주 작은 지점에서 나오자마자, 그것은 환상 속으로 내려와 세상에서 그 여행을 시작합니다. 모든 초자연적인 힘을 가진 진보된 요기들조차 환상의 지배하에 남아 있습니다. 그들은 내면의 경지에 당황하고 황홀해하며 환상의 희생자가 됩니다. 그들은 평범한 사람들과 같아서 참나가 아닌 참나의 그림자나 반영을 의식합니다. 그러나 그들이 경지의 유혹에서 벗어나자마자, 그들은 영혼이 그 긴 여정에서 출현한 최초의 아주 작은 지점으로 돌아가서 그 안으로 들어갑니다. 이 단계에서 요기는 온 우주가 자신에게서 나오고 있다는 것을 경험합니다. 그러나 그가 이 지점(흔히 "옴"이라고 부르는 지점)을 넘어서는 데 성공하면, 그는 온 우주에 대해 완전히 무의식 상태가 됩니다. 그에게는 형태가 없고, 오직 영원한 실재만 있으며, 덧없는 즐거움이나 슬픔은 없고, 오직 영원한 지복만이 있습니다. 이것은 진리 또는 잠자고 있는 깨어 있음[수면각성: 睡眠覺性], 또는 깨어 있는 잠의 의미입니다.

The process of getting bound and then unbound is charged with immense significance. The soul gets mixed up with the body and then gets caught up in it. The soul is like a parrot and the body is like a cage. When the parrot was outside the cage it was free. But it did not quite appreciate and enjoy freedom. When it goes through encagement it appreciates through agonizing bondage exactly what freedom is. And when it is set free again it really enjoys its freedom. The same thing happens to the soul when, through the grace of the Master, it is freed from the limiting nightmare that it is its own perishable body.

The soul is really God. To those, who are still caught up in the illusion that it is the body or the mind, this seems unthinkable. How can a person, who, for example, may be reclining in an easy chair, be regarded as being the same as a universal and almighty being? The soul cannot realize its own infinity as long as it is under the sway of ignorance. But nevertheless its being the same as God, is all the same, an irreversible fact.

Just as the soul during deep sleep exists (though it does not in its usual way know itself as existing) the soul in reality is the same as God, though it is not conscious of this during the period of ignorance. The eyes of a person see many things, but not themselves, except in a reflection. In the same way, the soul is ordinarily conscious of the whole world, but not of itself (except through the illusory identification with the perishable body).

The soul, in its final self-knowledge of itself as Truth, knows that it is everything. Truth is everything. There is nothing but everything; therefore, everything includes nothing. This means that the illusion of the false world, though nothing in itself, can have its being, even as an illusion, only in the Truth and not outside it. The universe exists but has no reality, i.e. it exists in imagination, which is imposed upon the Truth.

속박되었다가 속박이 풀리는 과정은 엄청난 의미가 담겨 있습니다. 영혼은 몸과 뒤섞여 있다가 그 안에 갇히게 됩니다. 영혼은 앵무새와 같고, 몸은 새장과 같습니다. 앵무새가 새장 밖에 있었을 때는 자유로웠습니다. 그러나 자유의 진가를 제대로 인식하지 못했고, 자유를 즐기지도 못했습니다. 새장에 갇히는 상태를 겪을 때, 앵무새는 고통스러운 구속을 통해 자유가 무엇인지 정확히 깨닫게 됩니다. 그리고 다시 자유로워지면, 앵무새는 그 자유를 진정으로 즐깁니다. 스승의 은총을 통해 영혼이 자신의 소멸하기 쉬운 몸인 제한적인 악몽에서 벗어날 때, 영혼에게도 같은 일이 일어납니다.

영혼은 실제로 하나님입니다. 영혼이 몸이나 마음이라는 환상에 여전히 사로잡혀 있는 사람들에게, 이것은 생각도 할 수 없는 일로 보입니다. 예를 들어, 안락의자에 기대어 앉아 있는 사람을 어떻게 우주적이고 전능한 존재로 볼 수 있겠습니까? 무지의 지배 아래에 있는 한, 영혼은 자신의 무한성을 깨달을 수 없습니다. 하지만 그럼에도 불구하고 영혼이 하나님과 동일하다는 것은 돌이킬 수 없는 사실입니다.

깊은 잠을 잘 때에도 영혼이 존재하는 것처럼(비록 평상시에는 자신이 존재한다는 사실을 알지 못하지만), 무지에 잠겨 있는 동안에도 이것을 의식하지는 못하지만 실제로 영혼은 하나님과 동일합니다. 사람의 눈은 많은 것을 보지만, 반사되는 것을 제외하고는 그 자신을 보지 못합니다. 같은 방식으로 영혼은 일반적으로 온 세상을 의식하지만, (소멸하기 쉬운 몸과의 환상적 동일시를 통한 경우는 제외하고) 그 자체는 의식하지 못합니다.

영혼은 진리로서 자신의 그 최종적인 자아 지식 안에서, 자신이 모든 것^{有}임을 압니다. 진리는 모든 것^{有}입니다. 모든 것^{有} 외에는 아무것도 없습니다. 그러므로 모든 것^{有}은 아무것도 아닌 것^{無}을 포함합니다. 이것은 거짓된 세계의 환상이 그 자체로는 아무것도 아니지만, 비록 환상일지라도 진리 안에서만 존재할 수 있고 진리 밖에서는 존재할 수 없음을 의미합니다. 우주는 존재하지만, 실체가 없습니다. 즉, 우주는 진리에 부과되는 상상 속에 존재합니다.

Transcendent Understanding

Ordinary man identifies himself with his own physical body or form. This knowledge of one's self is different from the real understanding of one's true nature. The delusive self-knowledge which identifies the soul with the body presupposes full consciousness. Full consciousness is also absolutely indispensable for true understanding. When delusive self-knowledge is overcome, it becomes true understanding. But for both (delusive self-knowledge as well as true understanding), the ripeness of full consciousness, which is characteristic of human beings, is an inescapable prerequisite. True self-understanding is the goal of all creation throughout its pre-human and human evolutionary phases. But it is possible only at the human level and in the human form, because in the pre-human form, consciousness has not emerged in its fullness. In fact, life cannot fully understand itself even in its purely bodily aspects, unless there is in the human form an emergence of full consciousness along with all the evolutionary impressions and dispositions. But any man, irrespective of his spiritual status, can fully know himself in the purely bodily aspect and get falsely identified with the physical body, which is really only a vehicle of the Soul.

The knowledge which consciousness can yield in any particular form is circumscribed by the psychic impressions and dispositions ingrained in the ego-mind-heart or ego-consciousness.

초월적 이해

보통 사람들은 자신을 자기의 육체나 형태와 동일시합니다. 자신의 자아에 대한 이러한 지식은 자신의 참된 본성에 대한 진정한 이해와 다릅니다. 영혼을 몸과 동일시하는 망상적인 자아의 지식은 충만한 의식을 전제로 합니다. 충만한 의식은 또한 진정한 이해를 위해 절대적으로 필수적입니다. 망상적인 자아의 지식이 극복될 때, 그것은 진정한 이해가 됩니다. 그러나 (진정한 이해뿐만 아니라 망상적인 자아의 지식) 둘 다에서, 인간의 특징인 충만한 의식의 성숙은 피할 수 없는 전제 조건입니다. 진정한 자기 이해는 인간 이전과 인간의 진화 단계 전체에 걸쳐서 모든 창조물의 목표입니다. 그러나 그것은 인간 이전 형태에서는 의식이 온전하게 나타나지 않았기 때문에, 인간 수준과 인간 형태에서만 가능합니다. 사실, 모든 진화적 인상 및 기질과 함께 인간 형태에서 충만한 의식의 출현이 없는 한, 생명체는 순전히 육체적인 측면에서도 그 자신을 완전히 이해할 수 없습니다. 그러나 어떤 사람이든, 자신의 영적 지위에 상관없이 순전히 육체적 측면에서 자신을 충분히 알 수 있으며, 실제로 영혼의 매개체일 뿐인 육체와 잘못 동일시될 수 있습니다.

의식이 어떤 특정한 형태로든 산출産出할 수 있는 지식은 에고의 마음과 가슴 또는 에고의 의식에 뿌리내린 심령적心靈的 인상과 성향[기질]에 의해 제한됩니다.

As these impressions and dispositions develop, the knowledge which consciousness can yield also increases. In the human form consciousness can yield full knowledge of the bodily form which is its vehicle. At the initial stages this is mixed up with delusion because of dispositional or sanskaric identification with the body. But even such delusive self-knowledge is not possible at the pre-human level of under-developed consciousness. At the pre-human level, identification with the bodily form is instinctive rather than self-conscious.

Suppose a mirror is placed horizontally at some distance and that it is exactly in the line of the eye of the onlooker. Then the onlooker will not be able to see even a portion of his own body in the mirror. Now, if the mirror is gradually turned round its axis through increasingly greater angles, it will give the onlooker a full vision of his own reflected form.

In the above analogy, the turning round of the mirror through greater and greater angles corresponds to developing consciousness and increasing impressions or dispositions. Since both are full-grown in the human form, the onlooker can now get a reflection of his own bodily form through his conditioned or limited consciousness. The mirror of conditioned consciousness can, however, give a full reflection only of the form. It cannot yield the transcendent understanding of the Self, which has consciousness. It is only after consciousness is completely released from the conditioning imprints of gathered experiences that it can give the understanding of the Truth as it is. Conditioned or limited consciousness can yield only a semblance of knowledge with a preponderant admixture of unfathomable illusion.

The dispositional twists of the imprinted mind-heart are the real cause of the limiting ignorance. The imprint of the mind-heart is due to the engravings of past actions and experiences. It renders the psyche incapable of free functioning. Hence the problem of realizing the Truth is essentially the problem of deconditioning or liberating the mind-heart by erasing from the psyche the stamped imprints of past experiences.

이러한 인상과 성향이 발달함에 따라서, 의식이 산출^{産出}할 수 있는 지식도 증가합니다. 인간 형태에서 의식은 자신의 매개체인 신체 형태에 대한 충분한 지식을 산출할 수 있습니다. 초기 단계에서 이것은 몸과의 기질적 또는 산스카라적 동일시 때문에 망상과 뒤섞여 있습니다. 그러나 그러한 망상적인 자아의 지식조차도 인간 이전의 불완전하게 발달한 의식 수준에서는 불가능합니다. 인간 이전의 수준에서, 신체 형태와 동일시하는 것은 자아의 의식이라기보다는 본능적인 것입니다.

어느 정도의 거리에 거울이 수평으로 놓여 있고 정확히 보는 사람의 시선과 일치한다고 가정해 봅시다. 그러면 보는 사람은 거울에 비친 자기 몸의 일부조차 볼 수 없을 것입니다. 이제, 거울이 점점 더 큰 각도로 축을 중심으로 서서히 회전한다면, 거울은 보는 사람에게 자신의 반사된 모습을 완전히 보여 줄 것입니다.

위의 비유에서, 거울을 점점 더 큰 각도로 돌리는 것은 의식이 발달하고, 인상이나 성향이 증가하는 것에 해당합니다. 둘 다 인간 형태에서 충분히 성장했기 때문에, 보는 사람은 이제 자신의 조건화되거나 제한된 의식을 통해 자신의 신체 형태를 반영할 수 있습니다. 그러나 조건화된 의식의 거울은 형태만을 온전히 반영할 수 있습니다. 거울은 의식을 가진 참나에 대한 초월적인 이해를 낳을 수 없습니다. 의식이 수집된 경험들로부터 조건 지워지는 각인에서 완전히 해방된 후에야 비로소 진리를 있는 그대로 이해할 수 있습니다. 조건화되거나 제한된 의식은 헤아릴 수 없는 환상의 압도적인 혼합과 함께 오직 지식의 외형만을 산출할 수 있습니다.

각인된 마음과 가슴의 기질적 왜곡이 제한적인 무지의 진짜 원인입니다. 마음과 가슴의 각인은 과거의 행동과 경험의 각인 때문입니다. 그것은 심령^{心靈}이 자유롭게 기능할 수 없게 만듭니다. 따라서 진리를 깨닫는 문제는 본질적으로 과거 경험에 대해 새겨진 각인을 심령^{心靈}에서 지움으로써 마음과 가슴을 조건화되지 않게 하거나 해방시키는 문제입니다.

The mind-heart which is disfigured by the marks of uncomprehended experiences is like an injured limb. The influence of the restrictive imprints of the past has to be thoroughly undone. The psyche must be relieved of its acquired and perverting rigidity. Then it may perceive the Truth, instead of embracing illusions that arise out of the inescapable constraint of ingrained habits.

The intuitive and transcendent understanding of the Truth is simple and effortless. It only requires the disburdening of the psyche. The psyche is modulated and contorted by the impressed experiences of the false. It cannot therefore intuit the truth. The truth remains inscrutably hidden from the grasping dispositional mechanisms. The truth is not in any way remote even from that consciousness, which is helplessly and rigorously determined by the distortions inflicted upon it by the environmental experiences of opposites. But the rigidity of the psyche prevents the intuition of truth. As soon as the psyche is released from the influence of the accumulated deposits of the past, it becomes Super-mind and unveils the truth, which so far had been mysteriously hidden by the ego-mind-heart itself.

In order to intuit the truth, consciousness has to be liberated from its ingrained and resistant inclinations. Intuition has been buried under the piecemeal lesson of the assailing experiences of the false. Learning is impressed from without, while intuition dawns from within. Learning thwarts intuition.

Therefore, the teaching of the mind by external impacts has to be counteracted by inner awakening. Then and only then can intuition, in its transcendent understanding, truly judge without yielding to the stupor of uncritical impressionability.

Consciousness is impressed by joy and sorrow, success and failure, good and evil, pleasure and pain, and all the other opposites which invoke the reactions of attachment, repulsion, and the enticing complications of duality.

이해되지 않는 경험의 흔적들로 인해 손상된 마음과 가슴은 마치 상처 입은 팔다리와 같습니다. 과거의 제한적인 각인의 영향은 철저히 되돌릴 수 있어야 합니다. 심령은 후천적이고 왜곡된 경직성에서 벗어나야 합니다. 그러면 심령心靈은 뿌리 깊은 습관의 피할 수 없는 제약에서 발생하는 환상을 받아들이는 대신 진리를 지각知覺할 수 있습니다.

진리에 대한 직관적이고 초월적인 이해는 간단하고 쉽습니다. 그것은 단지 심령의 부담을 덜어주기만 하면 됩니다. 심령은 거짓에 대해서 인상적인 경험에 의해 변조되고 왜곡됩니다. 그러므로 심령은 진리를 직관直觀할 수 없습니다. 진리는 움켜잡는 기질적 메커니즘으로부터 불가해하게 숨겨져 있습니다. 진리는 상반되는 환경적 경험을 통해 그것에 가해진 왜곡에 따라서 무기력하고 엄격하게 결정되는 의식으로부터도 결코 멀리 떨어져 있지 않습니다. 그러나 심령의 경직성은 진리에 대한 직관을 방해합니다. 심령이 과거의 축적된 퇴적물의 영향에서 벗어나자마자, 심령은 초월적 마음(Super-mind)이 되어 지금까지 에고의 마음과 가슴 자체에 의해 신비롭게 가려져 있던 진리를 드러냅니다.

진리를 직관하기 위해서는 의식이 뿌리 깊고 저항적인 성향으로부터 해방되어야 합니다. 직관은 거짓의 공격적인 경험의 단편적인 교훈 아래 묻혀 있습니다. 배움은 외부에서 인상을 받는 반면, 직관은 내면에서 밝아집니다. 배움은 직관을 방해합니다.

그러므로 외부의 충격에 의한 마음의 가르침은 내면의 각성을 통해 상쇄되어야 합니다. 그런 다음에야 직관은 초월적 이해 속에서 무비판적인 인상성[인상적 특성]의 무감각에 영향을 받지 않고 진정으로 판단할 수 있습니다.

의식은 기쁨과 슬픔, 성공과 실패, 선善과 악惡, 쾌락과 고통 그리고 애착과 혐오감 및 이원성의 매혹적인 병증들을 유발하는 다른 모든 상반되는 반응에 깊은 인상을 받습니다.

This impressionability of consciousness keeps it from functioning freely. Lack of poise prevents it from moving on without the entanglements of attractions or repulsions, i.e., from swift adjustments with the alternating opposites, which shower themselves upon it in quick succession. For example, while meeting joy, it thinks of the joys or sorrows experienced or anticipated in the past; and thus divided, it cannot understand the full import of the present joy.

In the same way, while meeting sorrow, it thinks of the joys or sorrows which it has experienced or anticipated in the past: and thus divided, it cannot understand the full import of the present sorrow. It cannot understand the real meaning of the present joy or sorrow, because of its being under the influence of past joys or sorrows, which also it experienced without understanding. Thus, there is the perpetuation of the delusion that binds consciousness to the retarding remnants of past joys and sorrows and other similar opposites. Instead of slavishly hanging on to the past, it should face and accept life in freedom-freedom from clinging and freedom from fear or hope.

If consciousness can swiftly move with life, emancipating itself from the overpowering constraint of the past, it does not get involved or distracted; and it can function in integrity, retaining its poise or self-possession. Then it can not only fully understand both joy and sorrow and the other opposites of life, but also meet, assimilate and transcend them through the intuitive understanding of their true values. Transcendent understanding is the other side of intuiting freedom. Understanding is essentially transcendent and illimitable, while impressionability is essentially a perpetual invitation to enslavement.

When one truly understands the real meaning of joy and sorrow and all the other opposites of life, they all, in their own way, confirm the intuitive perception that all life is really one, and that it is the everlasting and illimitable Reality that transcends all duality.

의식의 이러한 인상성[인상적 특성]은 의식이 자유롭게 기능하지 못하게 합니다. 평정심의 부족은 의식이 끌림[유혹]이나 반발에 얽매이지 않고 앞으로 나아가지 못합니다. 즉, 빠르게 연속적으로 의식에 그들 자신을 쏟아붓는, 번갈아 일어나는 상반되는 상황에 신속하게 적응하는 것을 방해합니다. 예를 들어, 기쁨을 만나는 동안, 그것은 과거에 경험했거나 기대했던 기쁨이나 슬픔을 생각하고, 이렇게 분열되어 그것은 현재 기쁨의 온전한 중요성을 이해할 수 없습니다.

마찬가지로, 슬픔을 만나는 동안 의식은 과거에 경험했거나 기대했던 기쁨이나 슬픔을 떠올리고, 이렇게 분열되어 현재의 슬픔의 온전한 의미를 이해할 수 없습니다. 의식은 과거의 기쁨이나 슬픔의 영향 아래 있기 때문에 현재의 기쁨이나 슬픔의 진정한 의미를 이해할 수 없으며, 또한 그것을 이해하지 못한 상태로 경험했습니다. 따라서 과거의 기쁨과 슬픔 및 기타 유사한 상반되는 것들의 지연된 잔재에 의식을 묶는 망상이 영속화됩니다. 노예처럼 과거에 매달리는 대신에, 집착으로부터의 자유와 두려움이나 희망으로부터의 자유 속에서 삶을 직시하고 받아들여야 합니다.

의식이 과거의 압도적인 제약으로부터 자신이 해방되어, 삶과 함께 빠르게 움직일 수 있다면, 의식은 연루되거나 산만해지지 않고, 그 침착성이나 자기중심을 계속 유지하면서 온전하게 기능할 수 있습니다. 그러면 의식은 기쁨과 슬픔, 그리고 삶의 다른 상반되는 것들을 완전하게 이해할 수 있을 뿐만 아니라, 그것들의 진정한 가치에 대한 직관적인 이해를 통해 그것들을 만나고, 동화하고, 초월할 수 있습니다. 초월적 이해는 직관적 자유의 다른 측면입니다. 이해는 본질적으로 초월적이고 제한할 수 없는 반면에, 인상성[인상적 특성]은 본질적으로 노예화에 대한 영구적인 초대입니다.

사람들이 기쁨과 슬픔, 그리고 삶의 다른 모든 상반되는 것들의 참된 의미를 진정으로 이해할 때, 그들 모두는 각자 나름대로 모든 생명은 실제로 하나이며, 하나가 모든 이원성을 초월하는 영원하고 무한한 실재라는 직관적 인식을 확인하게 됩니다.

It is the overpowered and deluded mind which imaginatively creates the illusion of the multicolored world of duality, and then clings to it, inviting upon itself the turmoil and the discord of separative and limited consciousness. It creates divisions where there are no divisions in reality. This separative functioning of the deluded imagination is like regrouping sunset colors in clouds according to one's own inclinations and filling the sky with variegated palaces and forests, forts and lakes, mountains and rivers, imaginatively projecting these multicolored patterns onto a void to which they are all foreign.

In the same way, consciousness, which is subject to dispositional and impressional determinism, seeks and creates an overpowering and false world, getting enmeshed in it and projecting into it a false value that must in the end, by its very nature, betray itself.

It divides a reality which is essentially indivisible. It clings to a form which is essentially perishable. It glorifies itself in actions which are essentially binding and achievements which are essentially insignificant. It delights and suffers on the background of a void, thus depriving itself of any real happiness or understanding. The only way to live in the sanity of undeluded understanding is to become aware of the impressional determinism of the ego-mind-heart and free it from this vitiating constraint.

The undeluded and transcendent understanding of the unconditioned Supermind reveals the Truth which remains forever an infinite Divinity that sustains itself in unbounded bliss, power and understanding. This is the unchallengeable Truth. The intuitive perception at once exposes the futility and nothingness of the temporal universe of forms, and affirms the ageless reality and fathomless significance of eternal divinity. The Truth, which is self-grounded and self-justifying Divinity, needs no complementary supplements just because it overflows with a fullness that knows no deficit. It is at once the only being and also its own justification for being.

이원성의 다채로운 세계에 대한 환상을 상상적으로 창조하고, 거기에 집착하여 분리적이고 제한된 의식의 혼란과 불화를 자초하는 것은 압도되고 미혹된 마음입니다. 실재성 안에서는 분열이 없지만 마음은 분열을 만듭니다. 미혹된 상상력의 이러한 분리적 기능은 자신의 성향에 따라 구름 속 석양의 색상을 상상력을 발휘하여 재구성하고, 다채로운 궁전과 숲, 요새와 호수, 산과 강으로 하늘을 채우며, 이들 다채로운 패턴 모두가 이질적인 허공을 향하여 상상적으로 투사하는 것과 같습니다.

마찬가지로, 성향적 결정론과 인상적 결정론에 종속된 의식은 압도적이고 거짓된 세계를 추구하고 창조하며, 그 세계에 얽매이게 되어 결국 바로 그 본질적으로 자신을 저버리는 거짓된 가치를 투사합니다.

그것은 본질적으로 나눌 수 없는 실재를 분열시킵니다. 그것은 본질적으로 소멸하기 쉬운 형태에 집착합니다. 그것은 본질적으로 구속력이 있는 행동과 본질적으로 하찮은 업적에 자신을 미화합니다. 그것은 공허함을 배경으로 기뻐하고 고통스러워하며, 따라서 자신에게서 모든 진정한 행복이나 이해를 박탈합니다. 오직 현혹되지 않는 이해의 온전함 속에서 사는 유일한 방법은 에고의 마음과 가슴에 대해 인상적인 결정론을 알아차리고, 의식을 이러한 활력을 빼앗는 제약으로부터 해방시키는 것입니다.

절대적인 초월적 마음의 현혹되지 않는 초월적 이해는 무한한 지복, 힘 및 이해 속에서 그 자신을 지탱하는 무한한 신성으로 영원히 남아 있는 진리를 드러냅니다. 이것은 변할 수 없는 진실입니다. 직관적인 지각知覺은 우주의 일시적인 형태들의 허무虛無와 공성空性을 단번에 드러내고, 영원한 신성의 영구한 실재와 헤아릴 수 없는 중요성을 확인합니다. 자아의 근거를 두고 자아의 정당성을 지닌 신성은 부족함을 모르는 충만함으로 넘쳐나기 때문에 보완적인 보충이 필요하지 않습니다. 그것은 유일한 존재인 동시에 존재에 대한 그 자신의 정당성이기도 합니다.

The Meaning of Life

The limited 'I' (or separative ego) of ordinary human consciousness is a complex structure with intellect and feeling as important constituents. Its impressional or sanskaric dispositions get involved with each other in numberless ways.

None of them, by itself, nor their natural and haphazard combinations, can yield any permanent glimpse into the meaning of life. On the contrary, the infinite impressionary tangle covers up the Truth, obscuring it and making it impossible to get at. To cut the tangled thread at loops and knots is to lose the whole game. And the straightening of the tangled impressionary thread cannot be a mechanical process or an achievement through blunt application of unintelligent or loveless force. The process of straightening up the impressions must, in its very nature, be both delicate and difficult, requiring the discriminative wisdom and infinite care, which the Master alone can bring for the task.

Bits of relative meaning, locked up in each type of impressionary experience, have to be carefully gleaned. These have to be carefully pooled, correlated and absorbed in the meaning of other types of impressional experiences to which consciousness has been subjected. The meaning has to be gleaned and retained before the impressional tangle can be straightened. But this is far from being simple or easy.

삶의 의미

평범한 인간 의식의 제한된 '나'(또는 분리성이 있는 에고)는 지성과 느낌을 중요한 구성 요소로 하는 복잡한 구조입니다. 그 인상적 또는 산스카라적 성향은 수많은 방식으로 서로 연관됩니다.

그것 중 어느 것도, 그 자체로도, 자연스럽고 우연한 조합으로도, 삶의 의미를 영구적으로 엿볼 수 없습니다. 그와는 반대로, 무한한 인상적 얽힘은 진리를 가리고, 그것을 모호하게 하여 진리에 도달할 수 없게 만듭니다. 고리와 매듭으로 엉킨 실타래를 끊는다는 것은 전체 게임에서 지는 것과 같습니다. 그리고 얽힌 인상의 실을 정돈하는 것은 기계적인 과정일 수도 없고, 무지하거나 사랑이 없는 무딘 힘의 적용을 통한 성취일 수도 없습니다. 인상을 깨끗이 정리하는 과정은 본질적으로 섬세하면서도 어려운 작업이며, 작업을 위해 분별력 있는 지혜와 무한한 주의를 요하며, 오직 스승만이 가져올 수 있습니다.

인상적 경험의 각 유형에 갇힌 상대적 의미의 조각들은 주의 깊게 수집해야 합니다. 이것들은 의식이 겪게 되는 다른 유형의 인상적 경험의 의미에 신중하게 취합되고, 연관되며, 흡수되어야 합니다. 그러나 이것은 간단하거나 쉬운 일이 아닙니다.

Very often the aspirant is unable to do this himself. The working of the Master often infuses into his impressional dispositions their appropriate meaning and enables him to straighten them and annul their restrictive functioning.

The process of annulling the restrictive effects of the impressions may be made clear by means of the analogy of the toy balloon made of rubber. When there is no gas or air in the toy balloon, it shrinks into small size. And its entire surface is covered up with creases and wrinkles. If anyone tries to take away these creases or wrinkles on the surface of the toy balloon, by external pressure or adjustment, he is bound to fail. For one wrinkle which may be straightened up there would be another one in its proximity. Or perhaps, for one previously existent wrinkle there would be in its place a number of new wrinkles on its surface, either in the same portion or in some adjacent portion.

The wrinkles have no chance of disappearing as long as there is merely external manipulation of the wrinkled surface. The existing pattern of the wrinkles can, no doubt, be disturbed and radically changed by external manipulation; but the wrinkles cannot be effaced or annulled completely by this method. In the same way, the binding action of mental impressions cannot be annulled by the process of mere external or mechanical adjustments.

But if in the above analogy the toy balloon of rubber is infused with gas or air, all the wrinkles will automatically get rounded up and annulled. There will be no creases distorting the surface of the balloon if it is blown up to its full capacity. In the same way, if the mind-heart is infused with the meaning of life, all the 'wrinkles' of impressional dispositions get effaced. And being free from all distortions, the mind-heart becomes sound. But the binding action of impressions becomes defunct only after they are made to yield their inner meaning. Their becoming defunct, as ignorant resistance to Truth, releases the free functioning of consciousness.

대개 구도자는 이것을 스스로 할 수 없습니다. 스승의 작업은 종종 구도자의 인상적 성향에 적절한 의미를 불어넣고, 그가 인상을 바로잡아 그 제한적인 기능을 제거할 수 있게 합니다.

인상적 엉킴을 바로잡기 전에 그 의미를 파악하고 간직해야 합니다. 인상의 제한적 효과를 제거하는 과정은 고무로 만든 장난감 풍선의 비유를 통해 명확하게 이해할 수 있습니다. 장난감 풍선에 가스나 공기가 없으면 작은 크기로 줄어듭니다. 그리고 그 전체 표면은 주름들로 뒤덮입니다. 누군가가 외부의 압력이나 조절로 장난감 풍선 표면의 이러한 주름들을 제거하려고 한다면, 그는 실패할 수밖에 없습니다. 하나의 주름을 펴면 그 근처에 또 다른 주름이 생길 수 있기 때문입니다. 또는 아마도 이전에 존재했던 하나의 주름에는 같은 부분이나 약간 인접한 부분의 표면에 여러 개의 새로운 주름이 생길 수도 있습니다.

주름진 표면을 단순히 외부에서 조작하는 것만으로는 주름이 사라질 가능성이 없습니다. 주름들의 기존 패턴은 의심할 여지 없이 외부 조작으로 교란되어 근본적으로 바뀔 수 있지만, 이 방법으로는 주름을 완전히 없애거나 제거할 수 없습니다. 같은 방법으로, 정신적 인상의 구속력 있는 작용은 단순한 외부적 또는 기계적 조정 과정에 의해 제거될 수 없습니다.

그러나 위의 비유에서 고무로 된 장난감 풍선에 가스나 공기를 주입하면, 모든 주름이 자동으로 둥글어지고 소멸합니다. 장난감 풍선을 최대 크기로 부풀게 하면, 표면을 왜곡시키는 주름들은 생기지 않습니다. 마찬가지로, 마음과 가슴에 삶의 의미가 주입되면, 인상적 성향의 모든 '주름'은 사라집니다. 그리고 모든 왜곡에서 벗어나면서 마음과 가슴은 건전해집니다. 그러나 인상의 구속력 있는 작용은 인상이 그 내적 의미를 부여한 후에야 사라집니다. 진리에 대한 무지한 저항으로서, 그것들이 사라지면 의식의 자유로운 기능이 풀려납니다.

159

To put the matter paradoxically, in the Truth-experience of unlimited consciousness, what has been rendered defunct is not the impressions but their binding action. In annulling this binding action, the impressions can perform their true function of yielding their real meaning to the liberated consciousness. Thus, from this point of view, the impressions have been so altered they can contribute their quota to the plus-meaning of a free consciousness. The alteration of impressions is so drastic that it looks like annulment, because the readjustment ensures that the impressions will not be able to operate in their separateness in an exclusive or semi-mechanical manner, which inevitably leads to inertia or inner conflict. Freeing the intelligence of the mind-heart-consciousness from impressional maladjustments is an essential and indispensable requisite of releasing the dynamic harmony of the liberated consciousness.

Life is eternally scrawling its own meaning on the ego-mind-heart. But its script is not intelligible to the consciousness entangled with it because of the distorting sanskaric or impressional engravings left upon it by past experiences. The ego-mind-heart cannot freely and intelligently function in the present with the necessary alertness and alacrity, owing to the inherent inertia and resistances created by these past engravings. The inevitable result is that it partly misses the import of the revelation of Truth in the eternal present. Thus, psychic distortions are due to inertia and inertia is due to psychic distortions; and there is an unending vicious circle. Suppose that in the above example of the deflated balloon, the wisest Truth had been written on its wrinkled surface; no one would be able to read the script.

But if the same toy balloon is now infused with air or gas, the wrinkles will all disappear and the script on the finely rounded surface can be deciphered with utmost ease, making it possible for anyone to understand what the writer wanted to convey. In the same way, the meaning of what life has written on consciousness can be easily and unmistakably grasped only if the sanskaric distortions are mended and taken away by an act of the Master's grace, infusing it with a new life-force and receptivity to Truth.

역설적으로 말하면, 무한한 의식의 진리 체험에서 소멸된 것은 인상이 아니라 인상의 구속력 있는 작용입니다. 이 구속력 있는 작용을 제거하면서, 인상들은 해방된 의식에 그 참된 의미를 부여하는 진정한 기능을 수행할 수 있습니다. 따라서 이러한 관점에서 볼 때, 인상은 자유로운 의식의 플러스적 의미에 그들의 몫을 기여할 수 있도록 매우 변화되었습니다. 인상의 변화는 너무나 급격하여 소멸처럼 보입니다. 왜냐하면 재조정은 인상이 배타적이거나 반기계적인 방식으로 분리되어 작동할 수 없도록 하기 때문이며, 이는 필연적으로 관성 또는 내부 갈등으로 이어집니다. 인상적 부조화로부터 마음과 가슴의 의식에 대한 지성을 자유롭게 하는 것은 해방된 의식의 역동적인 조화를 발산하는 데 근본적이고 필수적인 요건입니다.

　삶은 에고의 마음과 가슴에 그 자신의 의미를 영원히 휘갈겨 쓰고 있습니다. 그러나 그것의 글씨는 과거의 경험에 의해 남겨진 왜곡된 산스카라적 또는 인상적 조각들로 인해 그것과 얽힌 의식에게는 이해될 수 없습니다. 에고의 마음과 가슴은 이러한 과거 조각들에 의해 생성된 내재하는 관성과 저항으로 인해, 필요한 경계와 기민함으로 현재에서 자유롭고 지능적으로 기능할 수 없습니다. 불가피한 결과는 그것이 영원한 현재에서 진리가 드러내는 중요성을 부분적으로 놓치고 있다는 것입니다. 따라서 심령의 왜곡은 관성에 기인하고, 관성은 심령의 왜곡에 기인합니다. 그리고 끝없는 악순환이 있습니다. 위의 공기가 빠진 풍선의 예에서, 가장 현명한 진리가 주름진 표면에 적혀 있었다고 가정하면, 아무도 그 글씨를 읽을 수 없을 것입니다.

　하지만 이제 동일한 장난감 풍선에 공기나 가스를 주입하면, 주름이 모두 사라지고 섬세하게 둥근 표면에 적힌 글씨를 아주 쉽게 해독할 수 있어 글을 쓴 사람이 전달하고자 하는 바를 누구나 이해할 수 있게 됩니다. 마찬가지로, 삶이 의식에 작성한 내용의 의미는 스승의 은총의 행위를 통해 산스카라적 왜곡을 고치고 제거하여 의식에 새로운 생명력과 진리에 대한 수용성을 불어 넣어야만 쉽게 그리고 명백하게 파악할 수 있습니다.

The vicious circle that needs to be broken through is that the distorted mind-heart of the limited ego cannot see the meaning of life, and therefore, it also cannot free itself from its own distortions and resistances. The vicious circle can be broken only if the distorted ego-mind-heart of the aspirant becomes submissive to the Master and allows itself to be illumined by the infusion of meaning imparted by the Master.

The infusion of meaning may, in the initial stages, appear to take upon itself the limitations to which the mind-heart is subject, just as the air which goes into the toy balloon will seem to get conditioned as it occupies the diverse hollows of the inner surface. But this is only a temporary phase. It ultimately culminates in the disappearance of all creases and wrinkles on the balloon, after inflating it to the full size.

But this is the only way in which all creases and wrinkles could be removed. In the same way, the Master cannot infuse the meaning of life in the psyche of the aspirant except on the lines engraved upon it by his own past. He has to enlighten the aspirant by making use of the sanskaric or impressional dispositions previously acquired by the aspirant. He makes explicit the meaning which lies implicitly and inscrutably stored in the dispositions of his own ill-understood experiences by taking away their muteness, as it were, and giving them a voice.

Only after the mind-heart is fully infused with Truth, do all of its distortions disappear. But after that, in the place of the confusing and distorting inscriptions which yield no meaning, there appears in the unlimited mind-heart the lucid and unambiguous self-explanation of life, written by life itself.

The Master does not graft on the disciple some alien Truth from outside. He enables the aspirant to decipher the code of life by restoring to his mind-heart the vitality that can heal all of its sanskaric distortions. This is the significance of the annulment of impressionary dispositions, the removal of the distorting wrinkles of mind-heart.

끊어야 할 악순환은 제한된 에고의 왜곡된 마음과 가슴이 삶의 의미를 볼 수 없기 때문에, 자신의 왜곡과 저항으로부터도 스스로 벗어날 수 없다는 점입니다. 악순환은 구도자의 왜곡된 에고의 마음과 가슴이 스승에게 복종하게 되고, 스승이 부여한 의미의 주입에 의해 스스로 계몽되는 것을[빛을 비추도록] 허용해야만 끊을 수 있습니다.

마치 장난감 풍선으로 들어가는 공기가 내부 표면의 다양한 공동空洞을 차지하면서 조절되는 것처럼, 의미의 주입은 초기 단계에서 마음과 가슴이 따르는 한계를 스스로 받아들이는 것처럼 보일 수 있습니다. 그러나 이것은 일시적인 단계일 뿐입니다. 풍선을 최대의 크기로 부풀린 후에야, 풍선의 모든 주름이 사라지면서 궁극적으로 정점에 이릅니다.

하지만 이것이 모든 주름을 제거할 수 있는 유일한 방법입니다. 같은 방식으로, 스승은 구도자의 과거로 인해 마음에 새겨진 노선을 제외하고는 그의 심령心靈에 삶의 의미를 불어넣을 수 없습니다. 스승은 구도자가 이전에 습득한 산스카라적 또는 인상적 성향을 이용하여 구도자를 깨우쳐야[계몽해야] 합니다. 그는 자신이 잘못 이해한 경험의 성향들에 대한 침묵을 제거하고, 말하자면 그것들에 목소리를 부여함으로써 그것들에 암묵적으로 그리고 불가해하게 저장되어 있는 의미를 명백하게 합니다.

오직 마음과 가슴에 진리가 완전히 주입된 후에야, 그 모든 왜곡이 사라집니다. 그러나 그 후에는 아무런 의미도 주지 못하는 혼란스럽고 왜곡된 명문銘文 대신에, 삶 자체에 의해 쓰여진 명료하고 명백한 삶의 자기 설명이 무한한 마음과 가슴에 나타납니다.

스승은 제자에게 외부에서 온 이질적인 진리를 접목시키지 않습니다. 그는 구도자가 자신의 모든 산스카라적 왜곡을 치유할 수 있는 생명력을 그의 마음과 가슴에 회복시킴으로써 삶의 암호를 해독할 수 있도록 합니다. 이것이 인상적 성향의 소멸, 즉 마음과 가슴의 왜곡된 주름을 제거하는 의미입니다.

During the process of perfecting or rounding up, all the distorting contours of sanskaric or impressionary dispositions disappear; and they no longer limit the functioning of the mind-heart. But this does not mean irrecoverable loss of memory and the lessons of experience, or the destruction of the recorded history of the striving individuality.

When the Truth-inspired mind-heart wants to remember its past, it can do so with utmost ease, not only vividly and clearly remembering the present life, but all the innumerable lives through which the striving and ascending individuality has arrived at the goal of the unlimited life of the Eternal. And this memory is clear, definite, and complete, in all the wealth of inexhaustible details of incidents and occurrences.

완전하게 하거나 둥글게 순화圓脣化하는 과정에서 산스카라적 또는 인상적 성향의 모든 왜곡된 윤곽은 사라집니다. 그리고 그것들은 더 이상 마음과 가슴의 기능을 제한하지 않습니다. 그러나 이것은 기억과 경험의 교훈을 돌이킬 수 없는 상실, 또는 노력하는 개인의 기록된 역사의 파괴를 의미하지는 않습니다.

진리에서 영감을 받은 마음과 가슴이 자신의 과거를 기억하고 싶을 때는 현재의 삶을 생생하고 분명하게 기억할 뿐만 아니라, 노력하고 상승하는 개인이 영원의 무한한 삶이라는 목표에 도달하게 된 모든 무수한 삶을 생생하고 명확하게 기억하면서 최대한 쉽게 기억할 수 있습니다. 그리고 이 기억은 사건과 사고에 대한 무궁무진한 세부 사항들의 모든 풍부함 속에서 명확하고 확실하며 완전하게 기억합니다.

The Fulfillment

The Truth-realized person seldom has any incentive to look back upon his stored past as he becomes free of it, and is in no way influenced by it. But the point is that the memory is there, though it does not restrict or distort the Truth-realized consciousness. He may make use of this memory; but he is not bound by it. All unrest has been quieted; and all delusion has melted away, like mist before the sun. He has stepped outside the limiting and evolving individuality and knows himself as utterly different from it. He is not affected by its fortunes or misfortunes, any more than a painter who knows himself to be different from his own paintings. The painter knows all the incomplete and apparently meaningless and uninviting phases through which it has grown, before it assumed its last form. But now the scribbled lines have all been taken up in an entirely new and significant picture of eternal beauty.

As long as he was identifying himself with the false and perishing form through delusion, he could not escape the devastating impact of environment. He did actually enjoy and suffer vicariously for his own reflection or picture, through false identification. But now he knows that it was not really he as the Self who went through all this travail. It was not he as the Self who descended to the stone-state or ascended to the man-state.

성취

　진리를 깨달은 사람은 자신의 축적된 과거로부터 자유롭게 되면서 과거를 되돌아볼 어떤 동기도 거의 갖지 않으며, 과거에 영향을 받지도 않습니다. 그러나 요점은 기억이 진리를 깨달은 의식을 제한하거나 왜곡하지는 않지만, 거기에 존재한다는 사실입니다. 그는 이 기억을 이용할 수 있지만 기억에 구속되지는 않습니다. 모든 불안은 가라앉았고 모든 망상은 태양 앞의 안개처럼 녹아 사라졌습니다. 그는 제한적이고 진화하는 개체성을 벗어났으며, 자신이 그것과 완전히 다르다는 것을 알고 있습니다. 그는 자신의 그림이 실체와 다르다는 것을 아는 화가처럼, 그는 개체성의 행운이나 불행에 더 이상 영향을 받지 않습니다. 화가는 그림이 그 마지막 형태를 취하기 전에, 그림이 변화해 온 미완성적이고, 외적으로 의미가 들어 있지 않은 모든 과정을 알고 있습니다. 그러나 이제 휘갈긴 선들은 모두 완전히 새롭고 특별한 의미가 있는 영원한 아름다움의 그림으로 재탄생했습니다.

　망상을 통해 그는 거짓되고 소멸해 가는 형태와 자신을 동일시하는 한, 그는 환경의 파괴적인 영향에서 벗어날 수 없었습니다. 그는 거짓된 동일시를 통해 실제로 자신의 반영이나 그림을 위해 대리적으로 즐기고 고통을 겪었습니다. 그러나 이제 그는 이 모든 역경을 겪은 사람이 실제로는 참나로서의 그가 아니라는 것을 알고 있습니다. 돌-상태로 내려갔거나 사람-상태로 올라간 이는 참나로서의 그가 아니었습니다.

It was not he as the Self who incarnated in numberless lives to taste the bitter-sweet fruit of duality, or enjoyed the pleasures of heaven or the sufferings of hell, or inch by inch toiled up the Path through the six planes of spiritual ascent. The Self remains what it ever was from the very beginning, the one immutable Reality, infinite in existence, knowledge, bliss and power.

What has gone through all this illusion is the limited and evolving individuality, which the Self now knows to be different from itself. The evolving individuality is now, in fact, known to be fictitious and unreal. It is at once the creation of illusion and its victim. The Self has not traveled the Path downwards or upwards.

The Path has, as it were, traveled past the Self. And during that process, the Self, through false identification, took upon itself all the multitudinous vicissitudes that befell the evolving and limited individuality. The Self is like a spectator of the cinema-film, identifying itself with the hero of the film story. The spectator enjoys and suffers with the hero in each incident depicted on the screen in complete self-forgetfulness of his own true being. Then coming to himself at the close of the whole film show, he finds that nothing has really happened to him. All that the Self took upon itself through deluding identification really happened as part of the story of creation, of which the Self, in fact, was a witness.

But the show has not been seen in vain. It has played its part in the eternal life of the immutable Self, which now knows and enjoys its own fullness and infinite divinity as it never did before. The Self now knows itself to be beyond all the cosmic cycles of creation. It remains untouched by anything that can happen in the illusion of the time-process. It knows itself to be that immortality and eternity which always itself remains unaffected by anything.

이원성의 쓸쓸하고 달콤한 열매를 맛보기 위해 무수한 삶 속에서 화신하여, 천국의 기쁨이나 지옥의 고통을 누렸거나, 영적 상승의 여섯 경지를 통해 경로道를 한 걸음 한 걸음 힘겹게 오른 사람은 참나로서의 그가 아니었습니다. 존재, 지식, 지복 및 힘의 무한자이자 유일한 불변의 실재인 참나는 태초부터 늘 있었던 그대로 변함없이 남아 있습니다.

이 모든 환상을 겪은 것은 제한되고 진화하는 개체성이며, 참나는 이제 개체성이 자신과 다르다는 것을 알고 있습니다. 사실, 진화하는 개체성은 이제 허구적이며 비실재적인 것으로 알려져 있습니다. 그것은 환상의 창조물인 동시에 그 희생물입니다. 참나는 아래쪽이든 위쪽이든 길을 여행하지 않았습니다.

길은 원래대로, 참나를 거치지 않고 여행했습니다. 그리고 그 과정 동안, 참나는 거짓된 동일시를 통해, 진화하고 제한된 개체성에 닥친 수많은 우여곡절을 스스로 떠안았습니다. 참나는 영화 이야기의 주인공과 자신을 동일시하면서 영화를 보는 관객과 같습니다. 관객은 자신의 진정한 존재에 대한 완전한 자기 망각 속에서 화면에 묘사된 각각의 사건에서 주인공과 함께 즐기고 고통받습니다. 그러고 나서 전체 영화 쇼가 끝나면, 그는 정신을 차리고 실제로 자신에게 아무 일도 일어나지 않았다는 것을 알게 됩니다. 참나가 망상적 동일시를 통해 스스로 취한 모든 것은 실제로 창조계에 관한 이야기의 일부로서 벌어졌으며, 사실, 참나는 목격자였습니다.

그러나 쇼를 헛되이 보지는 않았습니다. 쇼는 변하지 않는 참나의 영원한 삶에서 그 역할을 해왔으며, 이제 이전과는 달리 결코 누리지를 못했던 자신의 충만함과 무한한 신성을 알고 누립니다. 참나는 이제 자신이 창조의 모든 우주적 주기를 넘어선 존재임을 알고 있습니다. 참나는 시간-과정의 환상 속에서 일어날 수 있는 어떤 것에도 영향받지 않은 채로 남아 있습니다. 참나는 자신이 어떤 것에도 영향을 받지 않는 항상 그대로인 불멸과 영원한 존재라는 것을 스스로 압니다.

The game which the Self has witnessed is over; and it is in no way the worse for it. In fact, it was the Self itself that willed to enact and see the game. It was its will to get temporarily lost in the game through illusory identification; and it was its will to come back to itself, with a sigh of relief and the feeling of fulfillment.

If, however, the Self cares to glance at the film again, it no longer identifies itself only with the hero or any one of the other limited and evolving individualities, but with all the characters in the show. It knows itself to be the hero and the heroine, the villain and the friend, the victor and the vanquished, the lover and the beloved. It knows that it itself has been and is all, individually and collectively, simultaneously and indivisibly.

In the light of the eternal Truth which the Self has attained it can see not only its own past, but also the past of everyone else in its true perspective.

As the sculptor stands apart from his work of art and views it with utter detachment, he discovers that all the time the chisel was at work, the ineffable and irresistible beauty which he now enjoys was taking shape, in spite of the grotesque and formless phases through which the statue went. In the final result, there is the reparation of all wrongs, the healing of all wounds, the success of all failures, the sweetening of all sufferings, the solace of all strivings, the harmony of all strife, the unraveling of all enigmas and the real and the full meaning of all lives—past, present and future.

참나가 목격한 게임은 끝났습니다; 그리고 그것은 결코 나쁘지 않습니다. 사실, 게임을 실행하고 보기를 원한 것은 참나 그 자신이었습니다. 환상적 동일시를 통해 일시적으로 게임에서 길을 잃게 된 것은 자신의 의지였습니다. 그리고 안도의 한숨과 성취감을 느끼며 자기 자신으로 돌아가는 것도 그 자신의 의지였습니다.

하지만, 참나가 영화를 다시 한번 보려고 한다면, 그것은 더 이상 자신을 단지 주인공이나 다른 제한되고 진화하는 개성 중 어느 하나에만 동일시하지 않고, 쇼의 모든 등장인물과 동일시합니다. 참나는 자신이 남자 주인공과 여자 주인공, 악당과 친구, 승자와 패자, 러버와 비러벳이라는 것을 알고 있습니다. 참나는 그 자신이 개체적으로 그리고 전체적으로, 동시에 그리고 불가분하게 모든 것이었으며, 과거에도 그랬고 지금도 그러하다는 것을 압니다.

참나가 성취된 영원한 진리에 비추어 볼 때, 참나는 자신의 과거뿐만 아니라 다른 모든 사람의 과거도 진정한 관점에서 볼 수 있습니다.

조각가가 자신의 예술 작품에서 떨어져 서서 그것을 완전히 초연하게 바라볼 때, 그는 끌로 작업한 시간 내내 조각상이 거쳐온 기이하고 형태가 없는 단계에도 불구하고, 자신이 지금 즐기고 있는 형언할 수 없고 거부할 수 없는 아름다움이 형태를 갖추어 가고 있었음을 발견합니다. 마지막 결실에서는 모든 잘못의 보상, 모든 상처의 치유, 모든 실패의 성공, 모든 고통의 달콤함, 모든 노력의 위안, 모든 투쟁의 조화, 모든 수수께끼의 풀림, 그리고 과거와 현재와 미래의 모든 삶의 진정하고 완전한 의미가 있습니다.

True Freedom and Creativity

The real spiritual problem is to emancipate the mind from its impressionary dispositions without destroying all mentality. The accumulated sanskaras of impressionary dispositions of the ego-mind are all in a tangle of utmost complexity.

The impressions are comparable to a mass of thread, which due to careless use, gets into numberless complex knots and tangled loops. It is extremely difficult to get back one continuous, simple, useful thread out of such a tangle of impressionary thread. But it is just this very difficult task that the Master achieves through his insight, tenderness and controlled power.

It is easy to cut the thread into pieces or burn it to ashes. If the Master does this at one powerful stroke of grace, the wayfarer may realize the Truth. But he is unable to come back to the world or establish any connection with it. This is the state of the God-merged Majzoobs. As compared with the Sadgurus, the Majzoobs are not of any appreciable use in the divine game of duality. They are immersed in the Truth and are entirely oblivious of the needs of the world; and they are non-responsive to its happenings. Occasional imprints, which their consciousness receives from outside, spend themselves automatically through the sporadic expressions and actions, for which they are in no way responsible.

진정한 자유와 창조성

진정한 영적 문제는 모든 정신력을 파괴하지 않고 인상적 성향으로부터 마음을 해방시키는 것입니다. 에고의 마음에 대한 인상적 성향의 축적된 산스카라는 모두 극도로 복잡하게 얽혀 있습니다.

인상은 부주의한 사용으로 인해 무수한 복잡한 매듭과 얽힌 고리에 들어가는 실뭉치와 비슷합니다. 이러한 인상적 실타래의 엉킴에서 하나의 연속적이고 단순하며 유용한 실을 되찾는 것은 극히 어렵습니다. 그러나 스승이 자신의 통찰력과 부드러움 및 통제력을 통해 바로 이 매우 어려운 일을 성취합니다.

실을 여러 조각으로 자르거나, 그것을 태워 재로 만드는 것은 쉽습니다. 스승이 한 번의 강력한 은총으로 이렇게 한다면, 여행자는 진리를 깨달을 수 있습니다. 그러나 그는 세상으로 돌아올 수 없고, 세상과의 어떤 연관성도 확립할 수 없습니다. 이것이 하나님과 융합된 마주브의 상태입니다. 사드구루와 비교할 때, 마주브들은 신성한 이원성의 게임에서 어떤 주목할 만한 쓰임이 없습니다. 그들은 진리에 몰두하여 세상에 대한 필요를 전적으로 망각하고 있습니다. 그리고 그들은 세상의 사건들에 반응하지 않습니다. 그들의 의식이 외부로부터 받는 간헐적인 각인들은 산발적인 표현과 행동을 통해 자동적으로 그것들 자체를 소비하는데, 그들은 이것에 대해 전혀 책임지지 않습니다.

The Majzoob, though spiritually perfect, is, in respect to his action in the world, like a carriage whose horses run about without a driver. The horses are the sporadic impressions impinging upon his mentality from outside. They work themselves out without any control or direction from the driver, for the simple reason that the Majzoob does not have the intellectualized ego-mind, which, in the bound soul, functions like a driver.

After his immersion in the Truth, the Majzoob never comes down. Nor does he care to take up a universal mind with any Yogayoga sanskaras or divinized impressions. He has absolutely no real link with the world.

The horses of sporadic impressions, which seek expression through the body of the Majzoob, are neither driven by any ego-mind nor by the Truth. The impressions are created by the occasional impacts of devotees, etc., from outside, and they work themselves out automatically.

The impressionary horses run without a driver. But though sporadic and dependent upon external impacts, the apparent actions of the Majzoob (i.e., the expression of impressions through him) have immense spiritual benefit upon the targets of his action. For there is to his actions the background of Truth-consciousness. Although Truth-consciousness is self-absorbed and inactive or non-expressive in the Majzoob, it is constantly at the background of all acts released through him.

This makes the acts significant for the recipients, who derive immense spiritual benefit according to their own sanskaric merits.

The result of the action is not what the Majzoob has in any way willed. He has no will. The result of what seems to be the act of the Majzoob is what the recipient has through the Majzoob invited upon himself by means of his own sanskaric action and preparation.

마주브는 영적으로 완전하지만, 세상에서 그의 행동과 관련해서는 마치 마부 없이 말들이 달리는 마차와 같습니다. 말들은 외부로부터 그의 정신력에 영향을 미치는 산발적인 인상입니다. 마주브는 속박된 영혼에서 마부처럼 기능하는 지성을 부여받은 에고의 마음이 없다는 단순한 이유 때문에, 마부의 어떤 통제나 지시 없이 스스로 움직입니다.

진리에 몰입한 후, 마주브는 절대로 내려오지 않습니다. 또한 그는 요가 요가 산스카라 또는 신성화된 인상으로 우주적 마음을 취하는 데에도 관심이 없습니다. 그는 세상과의 실질적인 연결 고리가 전혀 없습니다.

마주브의 몸을 통해 표현을 추구하는 산발적 인상인 말들은 어떤 에고의 마음에 의해서도, 진리에 의해서도 주도되지 않습니다. 인상은 외부로부터의 추종자 등의 간헐적인 영향에 의해 생성되고, 자동으로 스스로 작동합니다.

인상적인 말은 마부 없이도 달립니다. 그러나 비록 산발적이고 외부 영향에 의존하지만, 마주브의 외견상 행동들(즉, 그를 통한 인상의 표현)은 그의 행동의 대상에게 엄청난 영적 유익을 가져다줍니다. 그의 행동에는 진리의 의식에 대한 바탕이 있기 때문입니다. 진리의 의식은 비록 마주브 안에서 자아도취적이고 비활동적이거나 표현적이지 않지만, 그를 통해 발산되는 모든 행위의 바탕에는 항상 존재합니다.

이것은 자신의 산스카라적 공덕에 따라 엄청난 영적 유익을 얻는 수혜자들에게는 의미 있는 행위를 만듭니다.

행동의 결과는 어떤 식으로든 마주브가 의도한 것이 아닙니다. 그는 의지가 없습니다. 마주브의 행위로 보이는 것의 결과는 수혜자가 자신의 산스카라적 행동과 준비에 따라 마주브를 통해 자신에게 불러온 것입니다.

Unlike the Majzoob, the Perfect Master brings back his Truth-consciousness to the world of duality; and he does so along connections that have not been snapped asunder. He completely disengages himself from all connections when he is immersed in Truth-consciousness. But when he comes down to the world, he finds his descent easy, because, during his ascent to the goal, the channels of his connections with the world were retained intact. The thread of impressions in his case, had not been burnt or cut off, but merely, as it were, straightened and divinized. Owing to the retention of this straightened but unbinding under-structure, the Perfect Master can establish significant, helpful and liberating contacts with the world.

The mind of the Perfect Master, which now has become universal and unlimited, divinely transmutes his previously straightened sanskaras into Yogayoga sanskaras, and is discriminately aware of the world of duality. He is not like a carriage without a driver. In his case, as in the Majzoob also, the ego-mind has completely disappeared. But all his actions are controlled and directed by the infinite knowledge, power and bliss of Truth-consciousness. That is why his life on earth is a blessing to all. In his case, the driver is Truth itself.

The Perfect Master, because of his unlimited powers, can often take upon himself the impressions of others and work them out for those others by inviting sufferings upon himself. This is like a free lift which some railway officer may, as a favor, give to any passenger, without his having to pay for it. But though the passenger does not pay for it, the railway officer has to pay for him. So, though the disciple may in such cases be exempt from having to work out or undo his gathered impressions, the Master has to work them out through his own voluntary and vicarious suffering invited upon himself, by himself, by the working of his universal mind. The horses which move the carriage of the Perfect Master are the Yogayoga sanskaras or divinized impressions, which he has given to himself, while descending in the world of duality. The lower ego-mind with all its determinative impressions does not exist for him.

마주브와는 달리 완전한 스승은 이원성의 세계로 자신의 진리 의식을 다시 가져옵니다. 그리고 그는 산산이 끊어지지 않은 연결을 따라 그렇게 합니다. 진리 의식에 몰입할 때, 그는 모든 연결에서 완전히 분리됩니다. 그러나 그가 세상으로 내려올 때, 그는 목표를 향해 올라가는 동안 세상과의 연결 통로가 그대로 유지 되었기 때문에 쉽게 내려갈 수 있습니다. 그의 경우 인상의 실은 불에 탔거나 잘려 나간 것이 아니라, 말하자면 단지 곧게 펴지고 신성화되었을 뿐입니다. 이렇게 곧게 펴졌으나 구속력이 없는 하부 구조의 유지로 인해, 완전한 스승은 세상과 의미 있고, 도움이 되는 자유로운 접촉을 확립할 수 있습니다.

이제 우주적이고 무한해진 완전한 스승의 마음은 이전에 곧게 펴진 그의 산스카라를 요가요가 산스카라로 신성하게 변화시키고, 이원성의 세계를 차별적으로 인식합니다. 그는 마부가 없는 마차와 같지 않습니다. 그의 경우에도 마주브와 마찬가지로 에고의 마음은 완전히 사라졌습니다. 그러나 그의 모든 행동은 진리 의식의 무한한 지식, 힘, 지복에 의해 통제되고 지시됩니다. 그것이 지상에서의 그의 삶이 모두에게 축복인 이유입니다. 그의 경우, 마부는 진리 그 자체입니다.

완전한 스승은 그의 무한한 힘으로 인해 종종 다른 사람들의 인상을 스스로 받아 고통을 자신에게로 불러들임으로써 다른 사람들을 위해 인상을 해결할 수 있습니다. 이것은 어떤 철도 관리자가 비용을 지불하지 않게 하고도 어떤 승객에게 호의로 제공할 수 있는 무료 승차와 같습니다. 그러나 승객이 비용을 치르지 않더라도 철도 관리자는 그를 위해 비용을 지불해야 합니다. 이와 같이 제자는 그러한 경우에 그가 모은 인상을 해결하거나 무효로 해야 하는 것에서 면제될 수 있지만, 스승은 자신에게로 불러들인 자발적이고도 대리적인 고통을 통해, 자신의 우주적 마음의 작용에 따라 그것들을 스스로 해결해야 합니다. 완전한 스승의 마차를 움직이는 말은 요가요가 산스카라 또는 신성화된 인상이며, 이는 그가 이원성의 세계로 내려오면서 자신에게 부여한 것입니다. 모든 결정적 인상을 가진 하위 에고의 마음은 그에게 존재하지 않습니다.

It is replaced by the higher Universal Mind, functioning through the Yogayoga sanskaras, which it takes upon itself without getting bound by them.

Yogayoga sanskaras are as it were the 'straightened' and divinized thread of previous impressions. The impressions were limiting the ego-mind because of the tangled complexities, loops and knots of all sorts and their distorting inertia-mechanism. But now the thread has been straightened and rewound in a way that is available for use merely as an instrument without itself getting into binding complications. The Master uses this reel of thread at will for his universal work, without any curtailment of his freedom; it cannot interfere with his Truth-consciousness or creativity.

These new straightened or divinized impressions can serve as the horses of the Master's carriage. But it is not these horses themselves which drive the carriage. Nor are these horses driven by the ego-mind or the nucleus of organized and binding sanskaras of ignorance, as in the case of the limited individuality.

The horses of the Master's carriage are driven by his Truth-consciousness through his universal mind. He does not get caught up in the separative consciousness characteristic of the duality-ridden ego-mind. While remaining free, his universal mind merely makes use of these 'horses' for divine work. The work itself has been planned independently of the influence of these sanskaras. In other words, the Yogayoga sanskaras or the divinized impressions provide the sub-structure of definitive channels for the Master's activity; but they do not by themselves determine his actions. In themselves, they are lifeless or powerless, bereft of all influence on him. They are merely used as submissive instruments for particularized expressions according to the nature of the spiritual work which the Master has set before himself in complete freedom.

에고의 마음은 요가요가 산스카라를 통해 기능하는 더 높은 우주적 마음으로 대체되며, 우주적 마음은 산스카라에 얽매이지 않고 스스로 책임을 떠맡습니다.

요가요가 산스카라는 말하자면 이전 인상의 '곧게 펴지고' 신성화된 실과 같습니다. 그 인상은 뒤얽힌 복잡성, 온갖 종류의 고리와 매듭 그리고 그것들의 왜곡된 관성 메커니즘으로 인해 에고의 마음을 제한하고 있었습니다. 그러나 이제 그 실은 구속력 있는 문제들에 스스로 휘말리지 않고, 단지 도구로서만 사용할 수 있는 방식으로 곧게 펴져서 다시 감겼습니다. 스승은 자신의 자유를 조금도 제한하지 않고 우주적 작업을 위해 마음대로 이 실타래의 실을 사용합니다. 그것은 그의 진리 의식이나 창의성을 방해할 수 없습니다.

이 새로운 곧게 펴졌거나 신성화된 인상은 스승의 마차를 끄는 말들로써 봉사할 수 있습니다. 그러나 마차를 모는 것은 이 말들 자체가 아닙니다. 또한 이 말들은 제한된 개체성의 경우에서처럼 에고의 마음이나 무지의 조직적이고 구속력 있는 산스카라의 토대에 의해 움직여지는 것도 아닙니다.

스승의 마차를 끄는 말들은 그의 우주적 마음을 통한 그의 진리 의식에 의해 움직여집니다. 그는 이원성에 지배당하는 에고적 마음의 특징인 분리성의 의식에 사로잡히지 않습니다. 자유로운 채로 있으면서 그의 우주적 마음은 신성한 일을 위해 이 '말들'을 사용할 뿐입니다. 일 그 자체는 이러한 산스카라의 영향과는 독립적으로 계획되었습니다. 다시 말해서, 요가요가 산스카라 또는 신성화된 인상은 스승의 활동을 위한 결정적인 통로의 하부 구조를 제공하지만, 그것들은 스스로 자기 행동을 결정하지 못합니다. 그것들은 그 자체로 생명이 없거나 무력하며, 스승에 대한 모든 영향력을 상실합니다. 그것들은 단지 스승이 완전한 자유 속에서 스스로 설정한 영적 작업의 본질에 따라 특정한 표현을 위한 순종적인 도구로만 사용됩니다.

The Yogayoga sanskaras or the divinized impressions might be compared to a road which is available for the person who desires to travel on it. The road by itself cannot and does not make anyone walk on it. But it can help anyone to walk, if he himself chooses to do so. The Yogayoga sanskaras of the Perfect Master are like this road. They cannot have any initiative in releasing an activity. But they enable the activity to be released if it has been decided upon by the Master, in his unrestricted and illimitable freedom.

It is exactly in this respect that the Yogayoga sanskaras of the Master are utterly different from the binding sanskaras of the ordinary limited individuals. In limited individuals, the impressional dispositions of the ego-mind have their own directive and goading power. They are not merely the channels for the flow of psychic energies, they are themselves tendencies. They are active engravings on the limited ego-mind. They store certain definite units of psychic energy within themselves and have their own driving power.

This driving power stored in them is generally subject to the control of the ego-nucleus, which can check, release or transmute those dispositions within certain definite limits. That is why the ego-mind is compared to the driver who drives the horses of impressionary dispositions. However, the driving by the ego-mind is neither unfailing nor perfect. It is not unfailing, because the horses are not always submissive to its dictates. The impressionary horses have a tendency to pull the carriage according to their own inclinations, irrespective of the decisions of the ego-mind. And the driving is not perfect, because the ego-mind, which is the driver, is itself blind, aimless and bound, being the cumulative but organized resultant of the pulls, the goadings and the inhibitions of these impressionary 'horses' themselves.

The Yogayoga sanskaras of the universal mind of the Master are not tendencies with any locked-up energy of their own. They are merely definitive channels without any independent driving power.

요가요가 산스카라 또는 신성화된 인상은 여행하고자 하는 사람이 이용할 수 있는 길에 비유될 수 있습니다. 길은 그 자체로 누구도 걷게 할 수 없고, 걷게 하지도 않습니다. 그러나 그 자신이 누군가가 걷는 것을 도와주기로 선택한다면 그렇게 할 수 있습니다. 완전한 스승의 요가요가 산스카라는 이 길과 같습니다. 그것은 활동을 표출하는 데 어떠한 주도권도 가질 수 없습니다. 그러나 스승의 제한되지 않고 무한한 자유 속에서, 활동을 표출하는 것이 스승에 의해 결정된 경우, 그것들은 활동을 표출할 수 있습니다.

바로 이 점에서 스승의 요가요가 산스카라는 평범한 제한된 개인의 구속력 있는 산스카라와는 완전히 다릅니다. 제한된 개인의 경우, 에고적 마음의 인상적 성향은 그 자체로 지시하고 이끄는 힘을 가지고 있습니다. 그것들은 단순히 심령 에너지의 흐름을 위한 통로가 아니라, 그것들 자체가 특정한 경향이 있습니다. 그것들은 제한된 에고의 마음에 새겨진 활동적인 각인들입니다. 그것들은 자신 안에 어떤 일정한 단위의 심령 에너지를 저장하고, 그것들 자신의 추진력을 가지고 있습니다.

그것들 안에 저장된 이 추진력은 일반적으로 어떤 일정한 한계 내에서 그러한 성향을 억제하거나 표출하거나 변화시킬 수 있는 에고적 기점基點의 통제를 받습니다. 그것이 에고의 마음이 인상적인 성향의 말을 부리는 마부에 비유되는 이유입니다. 그러나, 에고의 마음에 의한 조종은 확실하지도 완벽하지도 않습니다. 말들이 항상 그 지시에 순종적이지 않기 때문에, 에고의 마음에 의한 조종은 확실하지 않습니다. 인상적인 말들은 에고적 마음의 결정에 상관없이 그들 자신의 성향에 따라 마차를 끄는 경향이 있습니다. 그리고 조종은 완벽하지 않습니다. 왜냐하면 마부인 에고의 마음 자체가 맹목적이고 목적이 없으며 얽매여 있고, 이러한 인상적인 '말들' 자체의 끌어당김, 자극 및 억제의 누적적이지만 유기적인 결과이기 때문입니다.

스승의 우주적 마음의 요가요가 산스카라는 그 자체로 어떤 간직된 에너지를 가진 성향이 아닙니다. 그것들은 어떤 독립적인 구동력이 없는 결정적인 통로일 뿐입니다.

The impressionary horses cannot run without the driver nor can they exercise any propulsion, pull or inhibition on the driver, which in the Master is the Truth affirming itself through his universal mind. Therefore, the Master's driving of his carriage is both unfailing and perfect.

The divinized impressions in the Master's mind are more like a motor car than like a horse. The motor car is perfectly under the control of the driver. The functioning of the motor car is distinctly different from the functioning of the horses. While the horses have their own tendencies, exercising a degree of propulsion, pull or inhibition on the driver, the motor car has no such interfering inclinations of its own. It will be completely submissive to the will of the driver, without having any influence on his choice. It is an instrument that does not dictate anything should or should not be done. It has no tendencies of its own. (We are here envisaging a motor car which is in complete order and which is so perfect that it can function smoothly and efficiently under all circumstances.) The universal mind, with its self-given divinized impressions, is like a perfect machine, which never goes out of order and never fails. Though completely inert in itself, the machine is available for the creative manifestation of infinite Truth-consciousness with unfailing efficiency and unlimited submissiveness.

The ego-mind feels and exercises its limited and illusory freedom when it chooses to succumb to one impressional disposition rather than another. It seems to enjoy freedom in and through its choice. But this freedom is only apparent. It is not freedom of choice. The impressionable disposition has utilized the ego-mind and secured its fortifying sanction in order to get released into expression or activity. The ego-mind chooses. But it has no real choice in choosing. Its choice is illusory. The universal mind, on the contrary, feels and exercises its unlimited freedom when it chooses to vivify and release any particularly divinized impressions rather than others. It has full freedom of choice.

인상적인 말들은 마부 없이는 달릴 수 없으며, 스승 안에서 우주적 마음을 통해 자신을 확인하는 진리인 마부에게 어떠한 추진력이나 끌어당김 또는 억제도 행사할 수 없습니다. 그러므로 스승이 자신의 마차를 조종하는 것은 한결같고 완벽합니다.

스승의 마음에 있는 신성화된 인상은 말과 비슷하기보다는 자동차와 더 비슷합니다. 자동차는 완벽하게 운전자의 통제하에 있습니다. 자동차의 기능은 말의 기능과는 확연히 다릅니다. 말은 마부에게 어느 정도의 추진력이나 끌어당김이나 억제를 행사하는 고유한 성향을 가지고 있는 것에 반해, 자동차에는 그러한 간섭하는 성향이 없습니다. 자동차는 운전자의 선택에 어떠한 영향도 미치지 않고 운전자의 뜻에 완전히 순종할 것입니다. 그것은 무엇을 해야 하거나 하지 말아야 하는가를 지시하지 않는 도구입니다. 그것은 자체적인 성향이 없습니다. (우리는 여기서 완벽한 질서를 유지하고, 어떤 상황에서도 원활하고 효율적으로 작동할 수 있을 정도로 완벽한 자동차를 상상하고 있습니다.) 스스로 부여한 신성화된 인상을 지닌 우주적인 마음은 결코 고장나거나 절대로 실패하지 않는 완벽한 기계와 같습니다. 그 자체로는 완전히 비활성이지만, 기계는 한결같은 효율성과 무한한 복종과 함께 무한한 진리 의식을 창조적으로 표출하기 위해 쓸모가 있습니다.

에고의 마음이 다른 성향보다는 한 가지 인상적인 성향에 굴복하기로 선택할 때, 제한적이고 환상적인 자유를 느끼고 행사합니다. 그것은 자신의 선택 안에서 그리고 그 선택을 통해서 자유를 누리는 것처럼 보입니다. 그러나 이 자유는 겉으로 드러나는 자유일 뿐입니다. 그것은 선택의 자유가 아닙니다. 인상적인 성향은 에고의 마음을 활용하여 표현이나 활동으로 발산되기 위해 그 구속력을 강화하고 고수합니다. 에고의 마음은 선택합니다. 그러나 그것은 선택에 있어 진정한 선택의 여지가 없습니다. 그 선택은 환상에 불과합니다. 그와는 반대로 우주적인 마음은 다른 것보다 어떤 특별히 신성화된 인상을 활성화하고 방출하기로 선택할 때, 자신의 무한한 자유를 느끼고 행사합니다. 그것은 완전한 선택의 자유를 가지고 있습니다.

It may or may not choose that particular activity and is therefore really free. The ego-mind chooses; but it chooses in ignorance and restricted freedom. The universal mind also chooses, but it chooses in the knowledge of the Truth and in unlimited freedom. Restricted freedom is no freedom at all; it is an illusion of freedom.

The unlimited freedom of the Truth-realized person is the only real and full freedom. It is only in the dynamic freedom of such a Master that the Self as Truth can manifest itself through the divinized impressions of universal mind.

The divinized impressions are infinitely efficient because they are infinitely submissive to the Self, and they release creative and divine action which is not limited by any fragmentary ends or purposes. But the ordinary binding impressions of the ego-mind are unendingly aggressive on the Self and are seeking their own fulfillment and subjecting it to the tyranny of endless pursuits. The binding impressions are thus infinitely limited in efficiency and creativity.

Divinized imprints are not detractive but creative, not restrictive but expansive. They thus are radically different from ego-prints. The divinized impressions are essentially complementary assets added to the universal mind. Their function is not that of curtailment or restriction but of supplementary increment. On the other hand, the binding impressions of the ego-mind are restrictive and detractive.

The difference between the binding impressions of the ego-mind and the divinized impressions of the universal mind is a difference in kind, not merely a difference of degree. In the same way, the difference between the freedom of the ego-mind and the freedom of the universal mind is not one of degree but of kind. The binding impressions are infinitely limited in efficiency because, though they might seem to produce a huge mountain of results in time, the entire mountain of results may have no real value at all.

그것은 그러한 특정 활동을 선택하거나 선택하지 않을 수 있고, 따라서 실제로 자유롭습니다. 에고의 마음은 선택하지만, 무지와 제한된 자유 속에서 선택합니다. 우주적인 마음도 선택하지만, 진리에 대한 지식과 무한한 자유 안에서 선택합니다. 제한된 자유는 전혀 자유가 아닙니다. 그것은 자유에 대한 환상입니다.

진리를 깨달은 사람의 무한한 자유는 유일하게 실제적이고 완전한 자유입니다. 진리로서의 참나가 우주적인 마음의 신성화된 인상을 통해 자신을 나타낼 수 있는 것은 그러한 스승의 역동적인 자유에서만 가능합니다.

신성화된 인상은 참나에 무한히 복종하기 때문에 무한히 효율적이며, 어떤 단편적인 목표나 목적에 의해 제한되지 않는 창조적이고 신성한 행동을 발산합니다. 그러나 에고적 마음의 일반적인 구속력 있는 인상은 참나에 대해 끝없이 공격적이며, 그들 자신의 성취를 추구하고, 참나가 끝없는 추구의 폭정을 겪게 합니다. 따라서 구속력 있는 인상은 효율성과 창조성 면에서 무한히 제한됩니다.

신성화된 각인은 훼손적이지 않고 창조적이며, 제한적인 것이 아니라 확장적입니다. 따라서 그것들은 에고의 흔적들과는 근본적으로 다릅니다. 신성화된 인상은 본질적으로 우주적인 마음에 추가된 보완적인 자산입니다. 그것들의 기능은 축소나 제한이 아니라 보충적인 증가입니다. 반면에, 에고적 마음의 구속력 있는 인상은 제한적이고 훼손적입니다.

에고적 마음의 구속력 있는 인상과 우주적인 마음의 신성화된 인상 사이의 차이는 단순히 정도의 차이가 아니라 유형의 차이입니다. 마찬가지로, 에고적인 마음의 자유와 우주적인 마음의 자유 사이의 차이는 정도의 차이가 아니라 유형의 차이입니다. 구속력 있는 인상은 시간이 지남에 따라 엄청난 산더미 같은 결과를 낳는 것처럼 보일지 모르지만, 그 산더미 같은 결과 전체는 실질적인 가치가 전혀 없을 수 있으므로, 효율성 면에서 무한히 제한적입니다.

And they are infinitely limited in creativity, because they cannot produce anything really new.

They can only bring into existence what has been previously experienced, though perhaps in novel combinations and contexts. Their creativity is confined to the regrouping of what is essentially old. But the divinized impressions through which the Perfect Master works, are infinitely creative, because whatever they achieve in the world of duality is towards the real fulfillment of the infinite, and as such, has real and infinite value overflowing all limiting patterns.

The divinized impressions of the Perfect Master are infinitely creative. They help the self-realizing infinite to incarnate in time; and such incarnation is not a routine of ordinary time-process. The act of a Perfect Master is not merely repetitive. It is not the mere redoing of something previously experienced. It is not the repetition of the temporal past in the context of a new setting. It is the doing of something that can never be done as a result of the experience of duality. It is a creation of the utterly new, a descent of the Truth into the false. Hence its Creativity is unlimited and infinite. The redeeming act of the Perfect Master is a flash of the Eternal in the midst of what is otherwise nothing but rigidly determined causation. This is the mystery of Divine Grace descending through the Perfect Master.

그리고 그것들은 실제로 새로운 어떠한 것도 만들어 낼 수 없기 때문에, 창조성이 무한히 제한됩니다.

그것들은 아마도 새로운 조합과 맥락일지라도, 이전에 경험한 것을 존재하게 할 수 있을 뿐입니다. 그것들의 창조성은 본질적으로 오래된 것의 재편성에 국한됩니다. 그러나 완전한 스승을 통해 일하는 신성화된 인상은 무한히 창조적입니다. 왜냐하면 신성화된 인상이 이원성의 세계에서 성취하는 것은 무엇이든 무한함의 진정한 성취를 향한 것이고, 따라서 모든 제한적인 패턴을 뛰어넘는 실제적이고 무한한 가치를 지니고 있기 때문입니다.

완전한 스승의 신성화된 인상은 무한히 창조적입니다. 그것들은 자아를 실현하는 무한자가 시간 속에 육화하도록 돕습니다. 그리고 그러한 육화는 평범한 시간 과정의 일상이 아닙니다. 완전한 스승의 행위는 단순히 반복적인 것이 아닙니다. 그것은 이전에 경험한 어떤 일을 단순히 다시 실행하는 것이 아닙니다. 새로운 환경의 맥락에서 시간적 과거의 반복이 아닙니다. 그것은 이원성에 관한 경험의 결과로써는 결코 할 수 없는 어떠한 일을 하는 것입니다. 그것은 완전히 새로운 것의 창조이며, 거짓 속으로의 진리의 하강입니다. 따라서 그 창조성은 제한되지 않고 무한합니다. 완전한 스승의 구원 행위는 엄격하게 결정된 인과관계 외에는 아무것도 아닌 일의 한가운데에 있는 영원함의 섬광입니다. 이것이 완전한 스승을 통해 내려오는 신성한 은총의 신비입니다.

True Spirituality

One who is keen about true spirituality must loose all self-will. He has to accept the Divine Will irrespective of whether it happens to be in line with his cherished inclinations or against them. This is a veritable death to the ego-life. It means that the ego-mind must not demand anything. It must become lifeless, i.e., it must stop or cease to function. When a man is under the influence of chloroform or when he faints or when he gets hysterical fits, then also his mind stops for all purposes. However, at this time this does not happen with consciousness. It takes place in under-consciousness.

When the mind is stopped by the administration of drugs or by the influence of external physical things or forces, the state is like deep sleep with its full oblivion or ignorance. But when the mind stops through conscious efforts with the spiritual help available from another 'Super-Mind', it is different. When stopping the mind takes place in full consciousness, it gets transformed into super-consciousness, with its real knowledge of the one Self or Reality.

The Self of selves is the one Truth. It cannot be said to be one in the sense of half of two or one-third of three, etc.; i.e., as being a unit in a series.

참된 영성

참된 영성에 대하여 열정적인 사람은 모든 자기 의지를 느슨하게 해야 합니다. 그는 신성한 뜻이 그가 소중히 여기는 성향과 일치하든지 어긋나든지와 관계없이, 그것을 받아들여야 합니다. 이것은 에고의 삶에 대한 진정한 죽음입니다. 그것은 에고의 마음이 어떠한 것도 요구하지 않아야 한다는 것을 의미합니다. 그것은 생명이 없어져야 합니다. 즉, 그것은 기능을 멈추거나 중단해야 합니다. 사람이 클로로포름의 영향을 받거나 기절하거나 히스테리 발작을 일으킬 때 그의 마음 또한 모든 목적을 위해 멈춥니다. 그러나 이때 이것은 의식과 함께 일어나지 않습니다. 그것은 무의식 상태에서 일어납니다.

약물 투여나 외부의 물리적인 사물이나 힘의 영향으로 마음이 멈출 때, 그 상태는 마음의 완전한 망각 또는 무지를 가진 깊은 잠과 같습니다. 그러나 또 다른 '초월적 마음'으로부터 얻을 수 있는 영적 도움과 함께 의식적인 노력을 통하여 마음이 멈출 때는 다릅니다. 마음을 멈추는 것이 완전한 의식 속에서 일어날 때, 그것은 유일한 참나 또는 실재에 대한 자신의 진정한 앎과 함께 초의식으로 변형됩니다.

자아들의 참나는 유일한 하나의 진리입니다. 그것은 둘의 절반이나 셋의 1/3 등의 의미에서 하나라고 말할 수 없습니다. 즉, 일련의 단위라고 말할 수 없습니다.

Nor can it be said to be two or many, as it does not admit of the divisibility that runs through the would of duality. It cannot be described as personal; nor can it be described as impersonal. It is limited by no attribute. Yet, it is this very Truth or Self of selves that manifests itself as the universe through all its multitudinous distinctions.

To realize the Truth in this indescribable Beyond State is the ultimate goal of all spiritual endeavor, irrespective of the particular form it takes, according to temperamental inclinations or exigencies of the situation. Although the Paths are diverse, the goal for all is the same. One important point is, and has to be, invariably common to all Paths. The aspirant must sincerely and fervently follow his own conscience or the inner light of his own Higher Self. Other details of the Path get determined by his free choice according to his own tendencies, attitude, aptitude and surroundings.

The essence of the Path does not consist in leaving the gross world and going to other worlds. Otherworldliness has nothing to do with true spirituality. Going to other worlds is not at all a rare or a special occurrence. Every soul has to move about between the gross world and the subtle world. The subtle world is like a waiting room for spending the interval between the incarnations on earth. A few souls get into the mental world. But if they get there during the interval between incarnations they spend a much longer time there than the soul who spends his interval in the subtle world. However, even those who get into the mental world have to come back to the gross world. But when they thus come, they bring with them the powers of the mental world.

The soul dwells alternately in the gross and the subtle worlds and in rare cases, in the gross and the mental worlds. There is no special spiritual advancement in merely going from the gross world to the subtle world or even to the mental world. It amounts to going back to the place from which the soul has descended on earth.

또한 그것은 이원성의 의지를 관통하는 가분성을 허용하지 않기 때문에, 둘 또는 여러 개라고 말할 수도 없습니다. 그것은 인격적인 것으로 묘사될 수도 없고, 비인격적인 것으로 묘사될 수도 없습니다. 그것은 속성에 의해서도 제한되지 않습니다. 그러나 모든 수많은 구별을 통해 우주로서 그 자신을 드러내는 것은 바로 이 진리 또는 자아들의 참나입니다.

이 형언할 수 없는 초월적 상태의 진리를 깨닫는 것은 기질적 성향이나 상황의 긴급성에 따라 그것이 취하는 특정한 형태와 관계없이 모든 영적 노력의 궁극적인 목표입니다. 길은 다양하지만, 모두의 목표는 동일합니다. 한 가지 중요한 점은 모든 경로道에 항상 공통적으로 적용되어야 한다는 것입니다. 구도자는 자신의 양심이나 자신의 상위 자아의 내면의 빛을 진심으로 그리고 열렬하게 따라야 합니다. 길의 다른 세부 사항은 자신의 성향, 태도, 적성 및 주변 환경에 따라 자신의 자유로운 선택으로 결정됩니다.

길의 본질은 물질적인 세계를 떠나 다른 세계로 가는 데 있지 않습니다. 다른 세계의 상태는 참된 영성과는 아무런 관련이 없습니다. 다른 세계로 가는 것은 결코 드물거나 특별한 일이 아닙니다. 모든 영혼은 물질적인 세계와 기氣적인 세계 사이를 이동해야 합니다. 기氣적인 세계는 지상에서의 화신들 사이의 휴식 시간을 보내기 위한 대기실과 같습니다. 소수의 영혼은 정신적인 세계로 들어갑니다. 그러나 그들이 화신들 사이의 휴식 시간 동안 거기에 도착하면, 기氣적인 세계에서 자신의 휴식 시간을 보내는 영혼보다 훨씬 더 긴 시간을 그곳에서 보냅니다. 그러나 정신적인 세계에 들어간 사람들조차도 다시 물질적인 세계로 돌아와야 합니다. 그러나 그들이 이렇게 올 때는 정신적인 세계의 힘을 가지고 옵니다.

영혼은 물질적인 세계와 기氣적인 세계에 번갈아 머무르며, 드물게는 물질적인 세계와 정신적인 세계에 번갈아 머무릅니다. 단순히 물질적인 세계에서 기氣적인 세계로나 심지어 정신적인 세계로 가는 것만으로는 특별한 영적 진보가 없습니다. 그것은 영혼이 지상에 내려온 곳으로 다시 돌아가는 것과 마찬가지입니다.

Instead of trying to go to some other worlds, the souls should go from the gross world into the planes of advancing consciousness. The subtle or the mental world is not to be regarded as situated at a considerable distance from the gross world. It is possible to dwell in them consciously even during the stay in the gross world. They are, as it were, worlds within worlds instead of being worlds separated from each other by distance.

The spiritual planes are connected with the subtle and mental worlds. One has to start his journey in the gross body and also realize the Highest Truth in the gross body. The planes correspond to the inner changes of the states of consciousness. It is possible to pass through these planes in darkness (i.e., without knowing it), or with knowledge. Ceaseless rounds between the gross and the subtle or between the gross and mental worlds do not necessarily mean spiritual progress. Nor is spiritual progress ensured by them.

Spiritual progress is much more than mere change of surrounding environment. It is a radical transformation in the very structure and attitude of the functioning consciousness. If the spiritual pilgrim is being taken onwards with his eyes open, he may, while crossing the inner planes, get experiences and powers of the subtle worlds (even while remaining in the gross body), according to the plane in which he is stationed. This is the state of many Yogis. But if he is taken blindfolded, he passes by them often without registering even their very existence and certainly without getting involved in them. The seven planes are directly connected with the spiritually advancing states of consciousness and indirectly connected with the subtle and mental worlds.

For actually crossing the planes, what is necessary is true spirituality. True spirituality requires the real love for God. A person cannot be said to love God if he cannot accept His Will without discontent or resentment.

어떤 다른 세계로 가려고 하는 대신, 영혼들은 물질적인 세계에서 진보하는 의식의 경지들로 들어가야 합니다. 기(氣)적인 세계나 정신적인 세계는 물질적인 세계로부터 상당한 거리에 위치한 것으로 간주되어서는 안 됩니다. 물질적인 세계에 머무는 동안에도 의식적으로 그 안에 거할 수 있습니다. 그것들은 말하자면, 거리에 의해 서로에게서 떨어져 있는 세계가 아니라, 세계 안에 있는 세계입니다.

영적 경지들은 기(氣)적인 세계 및 정신적인 세계와 연결되어 있습니다. 사람은 육체에서 자신의 여정을 시작해야 하고, 또한 육체에서 최고의 진리를 깨달아야 합니다. 경지는 의식 상태의 내적 변화에 해당합니다. 어둠 속에서(즉, 알지 못한 채) 또는 지식을 가지고 이러한 경지들을 통과하는 것은 가능합니다. 물질적인 세계와 기(氣)적인 세계 사이 또는 물질적인 세계와 정신적인 세계 사이의 끊임없는 순환이 반드시 영적 진보를 의미하지는 않습니다. 영적 진보가 그것들에 의해 보장되는 것도 아닙니다.

영적 진보는 단순한 주변 환경의 변화 그 이상입니다. 그것은 기능하는 의식의 바로 그 구조와 태도의 근본적인 변화입니다. 영적 순례자가 눈을 뜬 채로 앞으로 나아가고 있다면, 내면의 경지들을 횡단하는 동안 그는 자신이 가 있는 경지에 따라 (육체에 머물러 있는 동안에도) 기(氣)적인 세계의 경험과 힘을 얻을 수 있습니다. 이것이 많은 요기들의 상태입니다. 그러나 눈을 가린 채로 그를 데리고 가면, 그는 종종 경지들의 바로 그 존재조차 알아채지 못하고, 확실히 경지들에 휘말리지 않으면서 경지들을 지나칩니다. 일곱 경지들은 영적으로 진보하는 의식 상태와 직접적으로 연결되어 있고, 간접적으로는 기(氣)적인 세계 및 정신적인 세계와 연결되어 있습니다.

실제로 경지들을 건너가기 위해 필요한 것은 참된 영성입니다. 참된 영성은 하나님에 대한 진정한 사랑을 필요로 합니다. 불만이나 원망 없이 하나님의 뜻을 받아들일 수 없다면, 하나님을 사랑한다고 말할 수 없습니다.

There was one real devotee of God. He was a multi-millionaire, enjoyed good health and reputation and had a happy family life. But as luck would have it, he came to be deprived of all his wealth. His friends asked him, "What is your God doing? Why do you not ask him to help you?" The devotee replied, "God's will be done." He did not allow the peace of his mind to be disturbed. He then lost his wife also. But he continued to remain resigned to the Will of God and remained happy. Other said, "He has a good reputation that keeps him happy"; and they became jealous, though he had lost so much at the hands of fate.

He then happened to catch a nasty disease, abominable germs entering his body all over and rendering it ugly, painful and loathsome to look at. His body began to stink so horribly that even his best friends and nearest relations, who used to flatter and obey him, began to keep themselves at a distance. But even then he retained his equanimity, resenting nothing and accepting the Will of God with undaunted fortitude and unyielding cheerfulness. This was his real test. He passed through the ordeal of accepting the Will of God without protests and retained his faith in Him under the severest and most trying circumstances. He was then hailed by others as being the lover of God, which he was.

Utter submission to the orders of the Master means renunciation of all argument or questioning. Meeting what life brings in its wake with contentment is the real test of the surrenderance, love and faith, which a disciple has in His Master. His love is true and unchanging because it does not ask anything. He faces all the good and bad vicissitudes of life with unchallengeable equanimity.

True spirituality requires the surrenderance of the ego-centered outlook and attitude. The ego-centered consciousness looks upon everything and the entire world as a possible field for its own enjoyment and appropriation.

하나님의 진정한 신봉자가 한 사람이 있었습니다. 그는 억만장자였으며, 만족할 수 있는 건강과 명성을 누렸고, 행복한 가정생활을 영위했습니다. 그러나 불행하게도 그는 자신의 모든 재산을 빼앗기게 되었습니다. 그의 친구들이 그에게 "당신의 하나님은 무엇을 하고 있습니까? 당신은 왜 그분에게 도와달라고 요청하지 않습니까?"라고 물었습니다. 그 신봉자는 "하나님의 뜻이 이루어졌습니다"라고 대답했습니다. 그는 마음의 평화가 깨지는 것을 용납하지 않았습니다. 그 후 그는 아내도 잃었습니다. 그러나 그는 계속해서 하나님의 뜻에 순종하면서 행복하게 지냈습니다. 다른 사람들은 "그는 자신을 행복하게 해 주는 훌륭한 평판을 가지고 있습니다"라고 말했습니다. 그리고 그가 운명의 손에 너무나 많은 것을 잃었음에도, 그들은 질투심을 느꼈습니다.

그러고 나서 그는 우연히 끔찍한 질병에 걸렸는데, 끔찍한 세균들이 그의 몸 곳곳에 침투하여 그의 몸을 겉으로 보기에 흉하고 고통스럽고 혐오스럽게 만들었습니다. 그의 몸에서 너무나 지독하게 악취가 나기 시작하자 그에게 아첨하고 순종하던 그의 가장 친한 친구나 가장 가까운 친척들조차도 거리를 두기 시작했습니다. 그러나 그때도 그는 평정심을 잃지 않고 아무것도 원망하지 않았으며, 굽히지 않는 불굴의 정신과 단호한 쾌활함으로 하나님의 뜻을 받아들였습니다. 이것이 그의 진짜 시험이었습니다. 그는 하나님의 뜻을 저항 없이 받아들이는 시련을 이겨냈고, 가장 가혹하고 힘든 상황에서도 하나님에 대한 믿음을 지켰습니다. 그 후 그는 다른 사람들로부터 하나님의 러버라는 칭송을 받았습니다. 그것이 그였습니다.

스승의 명령에 완전히 복종한다는 것은 모든 논쟁이나 질문을 포기하는 것을 뜻합니다. 삶이 그 여파로 가져오는 것에 대하여 만족스럽게 받아들이는 것이야말로 스승에 대한 제자의 항복과 사랑, 믿음의 진정한 시험입니다. 그의 사랑은 아무것도 요구하지 않기 때문에 진실하고 변함이 없습니다. 그는 삶의 모든 좋고 나쁜 우여곡절을 도전할 수 없는 평정심으로 직면합니다.

참된 영성을 위해서는 에고 중심의 관점과 태도를 포기해야 합니다. 에고 중심의 의식은 모든 것과 온 세상을 자신의 즐거움과 전유^{專有}를 위한 가능한 장으로 여깁니다.

It tries to glean the meaning of everything that exists or comes within the ken of its experience from its own point of view. A thing is good or bad according to how it affects that particular ego-centered being. If it does not, in any way, affect that being or 'I', it has no meaning at all. This mode of gleaning meaning from life is disastrously false and misleading. The query is vitiated by wrong assumptions from its very starting point.

A wrong perspective must give wrong results. It is not correct to look upon the one reality as being intended solely for any one manifestation of itself. It is saner to look upon each and every manifestation as being intended for the one Reality. This means that the ego-centered point of view has to be fully surrendered to appreciate and know the Truth. God does not merely exist for any one form. All forms exist for the sake of God. God is in all forms; but the significance of His being is not to be measured or understood in terms of any one form. The significance of all the forms taken collectively must be measured and understood in terms of God or Truth. They have no meaning in themselves apart from God. Nor can anything else reveal its true purpose or meaning if it is taken exclusively in relation to some particular form or forms.

This is the key to unraveling the true meaning and purpose of everything. All things and forms, individually as well as collectively, derive their existence as well as value from God. As soon as any form is taken in its separateness from God it loses its significance. Far less can it endow other things (entering in relation with it) with any real significance or purpose. The ego-centered outlook has to be replaced by the Truth-centered outlook. Only then is there a correct appraisement of anything in the world. Only then is there any true spirituality.

그것은 자신의 관점에서 자기의 경험 범위 안에 존재하거나 들어오는 모든 것에 대한 의미를 수집하려고 노력합니다. 어떤 것은 그 특정한 에고 중심적 존재에 어떤 영향을 미치느냐에 따라 좋거나 나쁩니다. 어떤 것이 어떤 식으로든 그 존재 또는 '나'에게 영향을 미치지 않는다면, 그것은 전혀 의미가 없습니다. 삶에서 의미를 수집하는 이러한 방식은 비참하게도 거짓되고 오해의 소지가 있습니다. 질문은 바로 그 시작점부터 잘못된 가정으로 인해 무효화됩니다.

잘못된 관점은 잘못된 결과를 낳을 수밖에 없습니다. 유일한 실재가 그 자체의 어떤 하나의 발현을 위해서만 의도된 것으로 여기는 것은 옳지 않습니다. 각각의 모든 발현을 유일한 실재를 위해 의도된 것으로 여기는 것이 더 온당합니다. 이것은 진리를 인식하고 알기 위해서는 에고 중심적인 관점을 완전히 포기해야 함을 의미합니다. 하나님은 어느 한 가지 형태로만 존재하지 않습니다. 모든 형태는 하나님을 위해 존재합니다. 하나님은 모든 형태로 존재합니다. 그러나 그분의 존재 의미는 어느 한 가지 형태로 측정되거나 이해되어서는 안 됩니다. 집합적으로 취해진 모든 형태의 의미는 하나님 또는 진리의 관점에서 측정되고 이해되어야 합니다. 그것들은 하나님을 제외하고는 그 자체로 아무 의미가 없습니다. 그것을 어떤 특정 형식이나 형태들과 관련해서만 받아들인다면 다른 어떤 것도 진정한 목적이나 의미를 드러낼 수 없습니다.

이것이 모든 것의 진정한 의미와 목적을 밝히는 열쇠입니다. 모든 사물과 형태는 집단적으로뿐만 아니라 개별적으로 그 가치와 존재를 하나님으로부터 얻습니다. 어떤 형태든 하나님으로부터 분리되는 순간, 그것은 그 의미를 잃게 됩니다. 그것이 (그것과 관련하여 들어가는) 다른 것들에 어떤 진정한 의미나 목적을 부여할 수 있는 것은 훨씬 더 적습니다. 에고 중심적인 관점은 진리 중심적인 관점으로 대체되어야 합니다. 그래야만 세상의 모든 것을 올바르게 평가할 수 있습니다. 그래야만 참된 영성이 있습니다.

The Past and the Present

Realization of the Self should not be confused with the intellectual understanding of the Divine Theme. Exceptional exercise of the intellect makes one a philosopher, a poet, a scientist or an artist. But Self-realization is undeniably the special privilege of those who are mad for God.

Orthodoxy, whether it be Hindu, Muslim, Christian, Zoroastrian, Buddhist or of any other faith, is tolerable only up to a certain point, and only in the earlier phases of the evolution of the masses, since it conserves certain dynamic values coming down through tradition. But it must be of the discriminative type and should not be allowed to degenerate into politics. When orthodoxy denies to itself the spiritual light coming from any quarter, it inevitably reduces itself to a body without a soul, leading to separative ignorance, conflicts and misunderstandings.

Loyalty to the incarnated greatness of the past and mere possession and knowledge of the traditional lore is not all that is to be desired. It may preserve your individuality as a religious and cultural unit and make of you a powerful political factor. But in the spiritual domain, it makes you a nonentity—a tree without its life-giving sap.

과거와 현재

참나의 깨달음은 신성한 주제에 대한 지적 이해와 혼동해서는 안 됩니다. 탁월한 지성의 발휘는 사람을 철학자, 시인, 과학자 또는 예술가를 만듭니다. 그러나 참나의 깨달음은 부인할 수 없이 하나님에게 도취된 사람들의 특별한 특권입니다.

힌두교, 이슬람교, 기독교, 조로아스터교, 불교 또는 기타 종교에 관계없이 정통 신앙은 특정 시점까지만 허용되며, 전통을 통해 내려오는 특정한 동적 가치를 보존하기 때문에 대중적 진화의 초기 단계에서만 허용됩니다. 그러나 그것은 차별적 유형이어야 하고, 정치로 타락하도록 허용되어서는 안 됩니다. 정통 신앙이 어떤 방향에서나 오는 영적 빛을 스스로 부정할 때, 그것은 필연적으로 영혼 없는 몸으로 축소되어 분리성의 무지, 갈등 및 오해로 이어집니다.

과거의 구현된 위대함에 대한 충성심과 전통적 지식에 대한 단순한 소유와 지식만이 원해야 할 전부는 아닙니다. 그것은 종교적, 문화적 단위로서 여러분의 개성을 보존하고, 여러분을 강력한 정치적 요인으로 만들 수 있습니다. 그러나 영적인 영역에서는 생명을 주는 수액이 없는 나무와 같은 하찮은 사람으로 만듭니다.

Today, there are three factors which prevent the world from realization of true spirituality:

(1) The church of each organized religion trades in the past and fights every inch of ground before adjusting itself to the times and the circumstances;

(2) The educated delude themselves into thinking that they have done their part and have laid the whole creation and the Creator under deep gratitude by merely talking on the subject from the purely intellectual point of view;

(3) The masses have a superstitious, mercenary attitude towards saints and spirituality. Their approach to saints is invariably from a materialistic point of view.

I have come to give a new understanding of spiritual value and truth to everyone. This truth is unlimited and cannot be imprisoned in any dogmas or creeds, religions or sets of beliefs. Inherit this vast Truth which is ever-renewing, while I am in your midst!

오늘날 세상이 참된 영성을 깨닫지 못하게 하는 세 가지 요인이 있습니다:

(1) 각각의 조직적인 종교의 교단은 시대와 환경에 적응하기 전에 과거에 머물러, 한 치의 양보도 없이 싸웁니다.

(2) 교육받은 사람들은 순전히 지적인 관점에서 당면 주제에 대해 단지 논함으로써 자신들의 역할을 다했고, 모든 창조물과 창조주에게 깊이 고마움을 느끼게 했다고 생각하면서 자신들을 속입니다.

(3) 대중은 성자들과 영성에 대해 미신적이고 돈이 목적인 태도를 지니고 있습니다. 그들은 변함없이 물질주의적 관점에서 성자들에게 접근합니다.

나는 모든 사람에게 영적 가치와 진리에 대한 새로운 이해를 주기 위해 왔습니다. 이 진리는 무한하며, 어떤 교리나 신조, 종교 또는 일련의 신념에 갇힐 수 없습니다. 내가 여러분 가운데 있는 동안, 끊임없이 새로워지는 이 광대한 진리를 물려받으세요!

Part III

Sayings of Meher Baba

Your own religion, if put into practice, is sufficient to bring salvation to you. It is a mistake to change one's own religion for that of another. The surroundings and circumstances in which you find yourself are best suited to work out your destiny or to exhaust your past karma.

The various religions are like patent medicines. Just as it is necessary to approach a specialist for a speedy and radical cure, so it is imperative to approach a spiritual Master in order to become spiritually perfect. To speak metaphorically, God is in the center of a circle, the circumference of which is the universe. The various radii from the circumference to the center are the various religions. The points on the radii near the circumference are distinctly and widely apart from each other; but as they approach the center, they come increasingly close to each other. In the same way, the more a person becomes spiritually minded, or advances towards God, the more tolerant he becomes and the less differentiation he sees.

Freedom can be realized in its true and original form only after having experienced bondage.

3부

메허 바바의 말

여러분 자신의 종교가 실천된다면, 여러분에게 구원을 가져다주기에 충분합니다. 자신의 종교를 다른 종교로 바꾸는 것은 실수입니다. 여러분이 처한 주변 환경과 상황은 여러분의 운명을 해결하거나 과거의 카르마[업보]를 소진하는 데 가장 적합합니다.

다양한 종교는 특허받은 의약품과 같습니다. 신속하고 근본적인 치료를 위해서는 전문의에게 접근해야 하는 것처럼, 영적으로 완전해지기 위해서는 영적 스승에게 다가가는 것이 필수적입니다. 비유적으로 말하자면, 하나님은 원의 중심에 계시고, 원의 둘레圓周는 우주입니다. 원주圓周에서 중심까지의 다양한 반경은 다양한 종교입니다. 원주 근처의 반경에 있는 지점들은 서로 뚜렷하면서도 넓게 떨어져 있지만, 중심에 가까워질수록 서로에게 점점 더 가까워집니다. 마찬가지로 사람이 영적인 마음을 갖게 되거나 하나님을 향해 나아갈수록, 그는 더 관대해지고 차별을 덜 보게 됩니다.

자유는 속박을 경험한 후에야 비로소 그 진정한 본래의 형태로 실현될 수 있습니다.

How can one know happiness unless he has known unhappiness?

The degrees of bliss proportionately correspond to the degrees of previous suffering.

There are two aspects of human nature—one pertaining to the angels, and the other to the animals; the former relies on the soul and the latter on the flesh.

Love is God; lust is Satan.

In the cosmogony of this universe, this earth of ours has a special significance, being much nearer to the spiritual sphere. There are other worlds where much mental development is marked; but spiritual progress really begins on this earth.

Unless you question, you can never learn. Let not the false sense of propriety or fear of blasphemy deter you from questioning the why and wherefore of your being. The answer to these questions will lead you to perfection.

Do not expect the living saints to answer these questions for you. If they do give answers at all, they are of no avail to you. The answer must come from within your own self.

What can come out of Truth except Truth?
Know then that Thou art That.

The state of ecstasy brought on by music or by some extraneous influence like drugs does not mean spirituality.

불행을 알지 못하고 어떻게 행복을 알 수 있겠습니까?

지복의 정도는 이전 고통의 정도에 비례합니다.

인간의 본성에는 두 가지 측면이 있습니다. 하나는 천사와 관련된 것이고, 다른 하나는 동물과 관련된 것입니다. 전자는 영혼에 의존하고, 후자는 육체에 의존합니다.

사랑은 하나님입니다. 욕정은 사탄입니다.

이 우주의 우주 생성론에서, 우리가 사는 이 지구는 영적 영역에 훨씬 더 가까운 특별한 의미를 지니고 있습니다. 정신적 발전이 현저한 다른 세계도 있지만, 영적 진보는 이 땅에서 실제로 시작됩니다.

의문을 품지 않으면 결코 배울 수 없습니다. 예의에 관한 잘못된 관념이나 신성 모독에 대한 두려움이 여러분의 존재 이유와 원인에 대해 질문하는 것을 그만두게 하지 마세요. 이러한 질문들에 대한 답이 여러분을 완성으로 이끌 것입니다.

살아 있는 성자들이 여러분을 위해 이러한 질문에 답해 줄 것이라고 기대하지 마세요. 설령 그들이 조금의 답이라도 준다면, 그것은 여러분에게 아무 도움이 되지 않습니다. 답은 여러분 자신의 내면에서 나와야 합니다.

진리를 제외하고는 진리로부터 무엇이 나올 수 있겠습니까?
여러분 자신이 바로 진리임을 아세요.

음악이나 마약과 같은 어떤 외적인 영향에 의해 초래된 황홀감의 상태는 영성을 의미하지 않습니다.

It is a state in which the mind overpowers itself and is a weakness to be guarded against. Instead of running wild, the mind should be self-composed; this comes through control.

To speak well is good.
To think well is better.
Above all, to live well is best.

One who upsets nothing is a good man;
and one who is upset by nothing is a God-man.

The more you become a student, the more are your chances of becoming a teacher.

Unintelligent advancement often results in downfall.

One who tries to excuse himself deceives himself.

Greed brings war; contentment brings peace.

Greatness lies in not overlooking smallness.

The really happy are those who are always contented with their lot.

The real untouchables are those who cannot enter the temple of their heart and see the Lord therein.

Sin is weakness; virtue is strength. What one regards as sin may turn out to be virtue, and vice versa.

그것은 마음이 그 자신을 압도하는 상태이며, 경계해야 할 약점입니다. 마음은 제멋대로 날뛰는 대신에, 자제력을 가져야 합니다. 이것은 통제를 통해 옵니다.

말을 선^善하게 하는 것이 좋습니다.
선^善하게 생각하는 것은 더 좋습니다.
무엇보다 선^善하게 사는 것이 가장 좋습니다.

아무것도 속상하게 하지 않는 사람은 선^善한 사람입니다.
그리고 어떤 것에 의해서도 속상해하지 않는 사람은 갓맨^(God-man)입니다.

여러분이 학생이 될수록, 교사가 될 기회도 많아집니다.

지혜롭지 못한 발전은 종종 몰락을 초래합니다.

자신을 변명하려는 사람은 스스로를 속이는 것입니다.

탐욕은 전쟁을 가져오고, 만족은 평화를 가져옵니다.

위대함은 왜소함을 간과하지 않는 데 있습니다.

정말로 행복한 사람은 자신의 처지에 항상 만족하는 사람입니다.

진짜 불가촉천민들은 가슴의 성전에 들어가 그 안에서 주님을 볼 수 없는 사람들입니다.

죄는 약점입니다. 미덕은 강점입니다. 죄로 간주되는 것이 미덕으로 판명될 수도 있으며, 그 반대도 마찬가지입니다.

The standard of goodness is determined by the circumstances prevailing at that particular time.

A jolly devil-may-care fellow may have a better heart than a dry-as-dust ascetic.

Suppression of emotion results in physical and mental emaciation.

It is not wise to avoid or conceal one's knowledge of oneself.

Real understanding means seeing through illusion.

Be sane as a saint and innocent as a child.

Take life lightly where material affairs are concerned and seriously where spiritual development is in question.

Try to be cheerful even in trying periods.

The Path of Truth is not a bed of roses.

You have not to give up your religion, but to give up clinging to the outer husk of mere ritual and ceremonies.

I can make man become what he cannot achieve by himself. You need Me.

No amount of intellect can fathom Me.
No amount of austerity can know Me.

선함의 기준은 그 특정한 시기에서의 지배적인 상황에 따라 결정됩니다.

유쾌한 저돌적인 사람이 무미건조한 금욕주의자보다 더 나은 가슴을 가지고 있을 수 있습니다.

감정을 억누르게 되면 육체적, 정신적 쇠약을 초래합니다.

자신에 대한 지식을 피하거나 숨기는 것은 현명하지 않습니다.

진정한 이해는 환상을 꿰뚫어 보는 것을 의미합니다.

성자처럼 분별 있고, 어린아이처럼 순수해야 합니다.

물질적인 일이 관련된 곳에서는 삶을 가볍게 받아들이고, 영적 발전이 문제가 되는 곳에서는 진지하게 받아들이세요.

힘든 시기에도 밝게 지내도록 노력하세요.

진리의 길은 장미 화단이 아닙니다.

여러분은 자신의 종교를 포기할 것이 아니라, 단순한 의례와 의식이라는 겉껍질에 집착하는 것을 포기해야 합니다.

나는 인간이 혼자 힘으로는 이룰 수 없는 존재가 되게 할 수 있습니다. 여러분은 내가 필요합니다.

아무리 뛰어난 지성으로도 나를 헤아릴 수 없습니다.
아무리 많은 금욕 생활로도 나를 알 수 없습니다.

Truth is beyond the reach of mind. Mere intellectual understanding does not bring God nearer to you.

It is easy to ask questions, but it needs past preparation to grasp what I explain.

There is no difference in the realization of Truth either by a Muslim, Hindu, Zoroastrian or a Christian. The difference is only of words and terms. Truth is not the monopoly of a particular race or religion.

To serve the God-Man, who serves all, is serving the universe.

To faithfully love God-Man is to truly worship God.

It is love, not questioning, that will bring God to you.

Unless and until man stops seeking escape from his ultimate destination by losing himself in the childish play of illusory pleasures, he cannot grasp spirituality seriously. It is time to stop playing with the scintillating toys of illusion and yearn for the attainment of the One and Only Reality.

진리는 마음의 범위를 초월합니다. 단순한 지적 이해는 하나님을 여러분에게 더 가까이 데려다주지 못합니다.

질문하기는 쉽지만, 내가 설명하는 내용을 이해하기 위해서는 과거의 준비가 필요합니다.

이슬람교도, 힌두교도, 조로아스터교도 또는 기독교인이 진리를 깨닫는 데에는 차이가 없습니다. 차이점은 단지 단어와 용어의 차이일 뿐입니다. 진리는 특정 인종이나 종교의 전유물이 아닙니다.

모두를 섬기는 갓맨(God-man)을 섬기는 것은 우주를 섬기는 것입니다.

갓맨을 충실히 사랑하는 것은 하나님을 진정으로 숭배하는 것입니다.

하나님을 여러분에게 데려다 줄 것은 의문이 아니라 사랑입니다.

인간이 환상적 쾌락의 유치한 놀이에 빠져 자신의 궁극의 목적지에서 벗어나려는 시도를 멈추지 않는 한 영성을 진정으로 이해할 수 없습니다. 현란한 환상의 장난감을 가지고 노는 것을 멈추고, 하나의 유일한 실재의 성취를 갈망해야 할 때입니다.

Epilogue

The Recipients of His Grace

"No one can realize God except through the grace and help of a God-realized Master, who is Truth incarnate. Only a God-realized Master can awaken this true love in the human heart, by consuming through the fire of his grace all the dross that prevents its release.

Those who have got the courage and the wisdom to surrender themselves to a Perfect Master are the recipients of his grace. The grace of the Master does come to those who deserve it. And when it comes, it enkindles in the human heart a love divine, which not only enables the aspirant to become one with God, but also to be of infinite help to others who are also struggling with their own limitations.

There is no power greater than love."

-Messages of Meher Baba, East and West, ed. Adi K. Irani, p53 (1944, Nagpur)

끝맺는 말

그분의 은총을 받는 사람들

"진리의 화신인 하나님을 실현한 스승의 은총[은혜]과 도움이 없이는 그 누구도 하나님을 깨달을 수 없습니다. 오직 하나님을 실현한 스승만이 그분의 은총의 불을 통해서만이, 사랑의 방출을 방해하는 모든 불순물을 태워 인간의 가슴속에서 이 참된 사랑을 깨울 수 있습니다.

완전한 스승에게 자신을 내맡길 수 있는 용기와 지혜를 가진 사람들은 그분의 은총을 받는 사람들입니다. 스승의 은총은 그것을 받을 자격이 있는 사람들에게 옵니다. 그리고 은총이 내려올 때, 그것은 인간의 가슴속에 신성한 사랑을 불타오르게 하고, 구도자[진리를 염원하는 사람]가 하나님과 하나가 되게 할 뿐만 아니라, 자신들의 한계와 고군분투하고 있는 다른 사람들에게도 무한한 도움이 되게 합니다.

사랑보다 더 위대한 힘은 없습니다."

-메허 바바의 메시지 53페이지 동서양 편, 1944년 나그푸르, 아디 K. 이라니 첨부

The Restoring a Spiritual Vision of the World

The present world chaos is the beginning of spiritual manifestation. To illustrate: If a man develops a cataract in his eye, the cataract raises a curtain over his vision and he cannot see properly. The only remedy is to remove the curtain, which means an operation by an eye specialist. But not before the doctor sees that the cataract is ripe enough for the operation — otherwise he allows it to grow ripe.

Similarly, the present chaotic condition of the world is due to materialism, which has developed self-interest and greed in mankind, raising a curtain which obstructs spiritual vision and development. It has grown so bad now as to create chaos all over the world, a clear indication that the cataract is quite ripe and ready for the operation.

The operation over, the disease of ignorance, greed and lust will be removed and the spiritual vision of the world will once again be restored. The Doctor-Master is ready for the operation, awaiting only the ripening of the cataract.

In answer to the question, "Why is Baba always misunderstood?" Baba replied: To guide, instruct and help humanity, which is my only mission, I have come down to the level of human understanding and consciousness, and here it is that I am misunderstood. To give an example: — If a teacher, a graduate of the university, comes down to the level of his students and writes the letters of the alphabet, it does not mean he has ceased to be a graduate. Similarly, my Infinite State of God-consciousness remains unaffected, even when I function at the level of normal human consciousness.

-Meher Baba, The Awakener Vol.10 No.2 p40

세상의 영적 비전 회복

현재의 세계 혼돈은 영적 현현의 시작입니다. 예를 들어 보겠습니다: 한 남성이 눈에 백내장이 생기면 백내장이 시야에 커튼을 쳐서 제대로 볼 수 없게 됩니다. 유일한 치료법은 커튼을 제거하는 것인데, 이는 안과 전문의의 수술을 의미합니다. 그러나 의사가 백내장이 수술을 할 수 있을 정도로 충분히 무르익었음을 확인합니다. 만약 그렇지 않으면 백내장이 무르익도록 내버려둡니다.

마찬가지로, 현재의 혼란스러운 세계 상황은 인류의 이기심과 탐욕을 발전시켜 영적 비전과 발전을 방해하는 장막을 치는 물질주의 때문입니다. 지금은 전 세계에 혼란을 야기할 정도로 심각해졌고, 이는 백내장이 상당히 무르익어 수술할 준비가 되었다는 분명한 징후입니다.

수술이 끝나면 무지와 탐욕과 욕정의 질병이 제거되고 세상의 영적 비전이 다시 한번 회복될 것입니다. 의사인 스승은 백내장의 숙성만을 기다리며 수술 준비를 마칩니다.

"왜 바바는 항상 오해를 받습니까?"라는 질문에 바바는 이렇게 답변했습니다: 나의 유일한 사명인 인류를 인도하고 지도하며 돕기 위해 나는 인간의 이해와 의식 수준까지 내려왔으며, 여기에서 내가 오해를 받고 있습니다. 예를 들어, 대학을 졸업한 교사가 학생의 수준으로 내려와 알파벳 글자를 쓴다고 해서 그가 졸업생이 아닌 것은 아닙니다. 마찬가지로, 내가 정상적인 인간 의식의 수준에서 기능하더라도 나의 무한한 하나님의 의식 상태는 영향을 받지 않습니다.

-메허 바바, 어웨이크너 40페이지, 10장 2번

Readers who wish to know more about Meher Baba are referred to the following:

God Speaks by Meher Baba. The theme of Creation and Its Purpose. First published in 1955. Dodd, Mead & Co., New York, 1973. Cloth.

Discourses by Meher Baba. These Discourses first appeared in the Meher Baba Journals, 1938-1942. The 1987 seventh edition is vailable from Sheriar Press. Paperback and cloth.

God to Man and Man to God, a one volume edition of Meher Baba's Discourses edited and condensed by C. B. Purdom. First published in England in 1955 by Victor Gollancz; reissued in 1975 by Sheriar Press. Paperback and cloth.

The Everything and the Nothing by Meher Baba. Discourses given in the late 'fifties and early 'sixties, compiled by Francis Brabazon. Available from Sheriar Press. Paperback.

The Perfect Master by C. B. Purdom. The story of Meher Baba's life up to 1936. First published in England in 1937; reprinted in paperback by Sheriar Press, 1976.

The God-Man by C. B. Purdom. A full and rich biography of Meher Baba up to 1962. Published in England in 1964 and reprinted in 1971 by Sheriar Press. Cloth.

There are many books by and about Meher Baba. For a free booklist or further information contact:

Sheriar Press
3005 Highway 17 ByPass North
Myrtle Beach
South Carolina 29577

메허 바바에 대해 더 알고 싶은 독자는 다음을 참조하세요:

메허 바바의 갓 스픽스(God Speaks), 창조의 주제와 그 목적에 대해 설명합니다. 1955년에 처음 출판되었습니다. 도드와 메드 출판사, 뉴욕, 1973년, 천 표지 책.

메허 바바의 담론(Discourses), 이 담론은 1938-1942년에 메허 바바 저널에서 처음 등장했습니다. 1987년 7판은 셰리아르 출판사에서 구할 수 있습니다. 종이 표지와 천 표지 책.

하나님에서 인간으로 인간에서 하나님으로(God to Man and Man to God), 찰스 B. 퍼덤이 편집하고 요약한 메허 바바의 담론 1권으로 구성된 책입니다. 빅터 골란츠가 1955년 영국에서 처음 출판했으며, 셰리아르 출판사에서 1975년 재발행했습니다. 종이 표지와 천 표지 책.

메허 바바의 유有와 무無(The Everything and the Nothing), 프란시스 브라바존이 편집한 50년대 후반과 60년대 초반의 담론입니다. 셰리아르 출판사에서 구할 수 있습니다. 종이 표지 책.

찰스 B. 퍼덤의 완전한 스승(The Perfect Master), 1936년까지의 메허 바바의 삶에 관한 이야기입니다. 1937년 영국에서 처음 출판되었으며, 1976년 셰리아르 출판사에서 종이 표지 책으로 재인쇄됐습니다.

찰스 B. 퍼덤의 갓맨(The God-Man), 메허 바바의 1962년까지의 완전하고 풍부한 전기집입니다. 1964년 영국에서 출판되었으며, 1971년 셰리아르 출판사에서 재인쇄됐습니다. 천 표지 책.

메허 바바에 관한 그리고 메허 바바가 쓴 많은 책이 있습니다. 무료 도서 목록이나 추가 정보는 다음으로 문의하세요:

셰리아르 출판사
3005 하이웨이 17 바이패스 노스
머틀 비치
사우스 캐롤라이나 29577